소워니놀이터 스퀴시북 소개

스퀴시북이란 종이와 종이 사이에 솜을 넣어 만든 책이에요.
솜을 넣어 말랑말랑한 촉감을 느낄 수 있고
소품을 떼었다 붙였다 재미있게 놀이할 수 있어요.
소워니놀이터만의 종이놀이 도안으로 즐거운 시간을 보내세요!

소워니놀이터 친구들 소개

소워니

성격	리더십이 있고 친절함
취미	역할 놀이
좋아하는 색	핑크색
좌우명	핑크는 사랑이다!

시워니

성격	세심하고 활발함
취미	수집하기
좋아하는 색	민트색
좌우명	어떤 물건이든 쓸모가 있다!

소시지

성격   사랑스럽고 의리 있음

취미   소워니놀이터 채널 영상 보기

햄찌

성격   예리하고 느긋함

취미   해바라기씨 먹기

냥냥

성격   상냥하고 긍정적임

취미   신메뉴 만들기

몽실이

성격   호기심이 많고 용맹함

취미   사진 찍기

토토

성격   쾌활하고 장난이 많음

취미   꿀벌 옷 입기

토깽이

성격   성실하고 부지런함

취미   농장 가꾸기

솜	투명 박스테이프
벨크로	양면테이프
풀	

얇은 투명 테이프　　손코팅지　　커팅 매트　　가위　　칼

솜	스퀴시 안에 넣을 거예요.
투명 박스 테이프	스퀴시 도안에 붙여 코팅을 할 거예요. 크기가 작은 스퀴시 도안을 코팅할 때 쓰기 편해요.
벨크로	소품을 붙였다 떼었다 놀 때 쓸 거예요. 깔끄러운 부분과 부드러운 부분이 만나야 붙어요. 없으면 양면테이프를 이용해도 돼요.
양면테이프	작은 도안을 붙일 때 써요. 소품을 붙였다 떼었다 놀 때도 써요.
풀	코팅하지 않은 도안을 연결할 때 써요.
얇은 투명 테이프	스퀴시의 모서리 부분을 붙일 때 쓸 거예요.
손코팅지	넓은 도안을 코팅할 때 써요.
커팅 매트	칼을 이용해 도안을 자를 때 쓸 거예요.
가위	사용할 때 손을 다치지 않게 주의하고 쓰지 않을 때는 오므려 잘 보이는 곳에 두세요.
칼	사용할 때 손을 다치지 않게 주의하고 쓰지 않을 때는 칼날을 밀어 넣어 두세요.
꼭 지켜 주세요!	가위와 칼을 사용할 때 손을 다치지 않도록 주의하세요. 오린 종이를 입에 넣지 않도록 주의하세요.

용어 설명

손코팅지 단단히 코팅해야 하는 도안이에요.　　**투명 박스 테이프** 구부리기 쉬운 도안에 사용해요.

단면 코팅 도안의 앞면만 코팅해요.　　**양면 코팅** 도안의 앞, 뒷면을 코팅해요.　　**코팅 X** 코팅을 하면 접기가 힘들어요.

——— 자르는 선　 − − − − 안으로 접는 선　·−·−· 밖으로 접는 선　✂ 가위 그림 주위를 도려내요.

목차

만드는 방법

1

페이퍼 토이에는 칼선이 들어가 있어요.
도면을 깔끔하게 뜯어요.

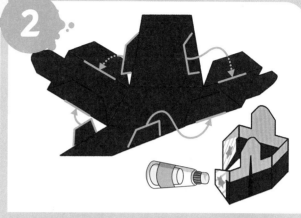

2

몸 도안의 점선을 따라 접은 뒤, 고리를 홈에 끼워요.
다리 도안을 접은 뒤, 같은 색의 별끼리 맞닿게
붙여요.

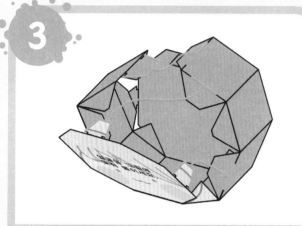

3

머리 도안의 점선을 따라 접은 뒤, 고리를 홈에
끼워요.

4

시워니 도안도 같은 방법으로 조립한 뒤, 몸에 머리,
팔, 다리를 끼워요.

5

소워니의 얼굴, 뒷머리, 망토 도안을 같은 색의
별끼리 맞닿게 붙여요. 소품도 붙여 꾸며 주세요.

6

시워니의 얼굴, 망토 도안을 같은 색의 별끼리
맞닿게 붙여요. 소품도 붙여 꾸며 주세요.

그 청소함을 열면 안 돼!
오싹오싹 공포의 학교괴담 1

만드는 방법

1

코팅 책 도안은 손코팅지로 앞면만 코팅하고, 소품 도안은 양면을 코팅해요. *잠금 도안은 구부리기 쉽도록 투명 박스 테이프로 양면을 코팅해요.

2

오리기 선을 따라서 도안을 모두 오려요. 책상, 텔레비전, 창문 도안은 칼로 오려요.

3

양면테이프 떼었다 붙였다 하는 소품 뒷면에 투명 양면테이프를 붙여요.

4

화장실·청소함 문 조립 도안 뒷면에 풀칠을 하고 도안 2장을 뒷면끼리 포개어 붙여요.

5

피아노 덮개 조립 도안 뒷면에 풀칠을 하고 도안 2장을 뒷면끼리 포개어 붙여요.

6
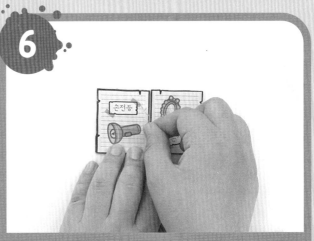

학교괴담 미니북 조립 도안 뒷면에 풀칠을 하고 도안 2장을 뒷면끼리 포개어 붙이고, 테이프로 연결해요.

7

옆면 도안 도안 뒷면에 풀칠을 하고 도안 2장을 뒷면끼리 포개어 붙여요.

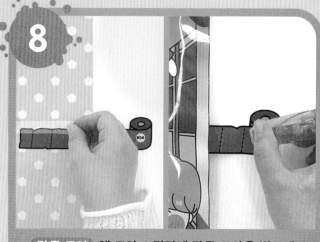

8

잠금 도안 책 도안 6 뒷면에 잠금 도안을 별표에 맞춰 놓고 테이프를 붙여요. 앞면도 테이프를 붙여 고정해요. 잠금 도안에 벨크로나 양면테이프를 붙여 열고 닫을 수 있도록 만들어요.

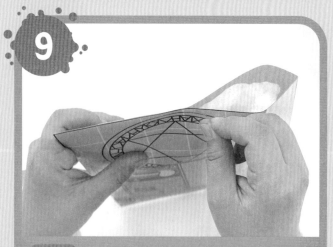

9

스퀴시 책 도안을 포개어서 솜 구멍만 남기고 모두 테이프를 붙여요. 안에 솜을 납작하게 펴서 넣고, 테이프를 붙여서 솜 구멍을 막아요. *솜을 너무 많이 넣으면 잘 터지기 때문에 적당히 넣어야 해요.

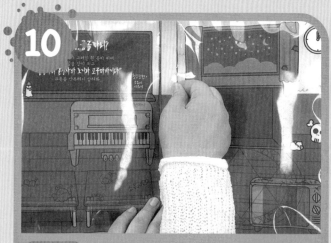

10

스퀴시북 스퀴시 2개 사이에 옆면 도안을 놓고, 약간의 여백을 주고 테이프로 연결해요. 나머지 스퀴시는 옆면 도안 가운데에 놓고 테이프로 연결해요. 책 겉에도 테이프를 붙여 더 튼튼하게 만들어요.

11

피아노 피아노 도안을 위치에 놓고 양옆에 테이프를 붙여요. 피아노 덮개 도안을 위치에 놓고 윗면만 테이프를 붙여요.

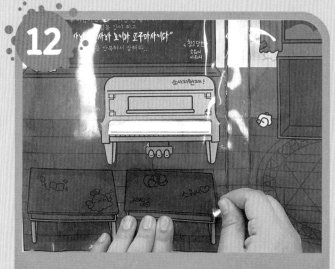

12

책상 책상 도안을 위치에 놓고 양옆에 테이프를 붙여요.

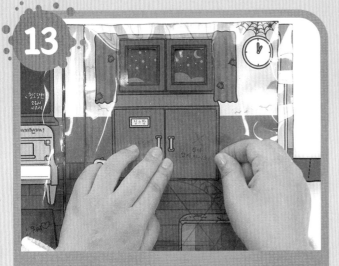

창문·청소함 문 창문 도안과 청소함 문 도안을 위치에 놓고 한쪽 옆면에 테이프를 붙여요.

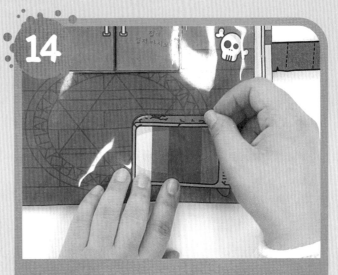

텔레비전 텔레비전 도안을 위치에 놓고 위아래와 양옆에 테이프를 붙여요.

화장실 문 화장실 문 도안을 위치에 놓고 한쪽 옆면에 테이프를 붙여요.

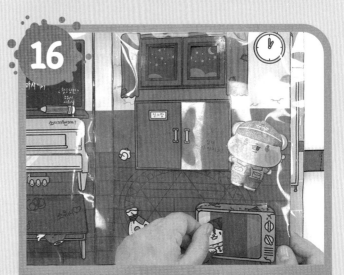

정리 스퀴시북에 소품들을 정리해요.

완성

오싹오싹 공포의 학교괴담 2

만드는 방법

1

코팅 책 도안은 손코팅지로 앞면만 코팅하고, 소품 도안은 양면을 코팅해요. *잠금 도안은 구부리기 쉽도록 투명 박스 테이프로 양면을 코팅해요.

2

오리기 선을 따라서 도안을 모두 오려요. 창문 도안은 칼로 오려요.

3

양면테이프 떼었다 붙였다 하는 소품 뒷면에 투명 양면테이프를 붙여요.

4

창문 조립 도안 뒷면에 풀칠을 하고 도안 2장을 뒷면끼리 포개어 붙여요.

5

그림 조립 도안 뒷면에 풀칠을 하고 도안 2장을 뒷면끼리 포개어 붙여요.

6

학교괴담 미니북 조립 도안 뒷면에 풀칠을 하고 도안 2장을 뒷면끼리 포개어 붙이고, 순서대로 연결해서 책처럼 만들어요.

7

옆면 도안 도안 뒷면에 풀칠을 하고 도안 2장을 뒷면끼리 포개어 붙여요.

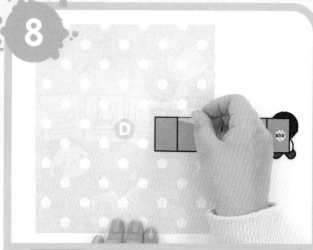

8

잠금 도안 책 도안 8 뒷면에 잠금 도안을 별표에 맞춰 놓고 테이프를 붙여요. 앞면도 테이프를 붙여 고정해요.

9

스쿼시 책 도안을 포개어서 솜 구멍만 남기고 모두 테이프를 붙여요. 안에 솜을 납작하게 펴서 넣고, 테이프를 붙여서 솜 구멍을 막아요. *솜을 너무 많이 넣으면 잘 터지기 때문에 적당히 넣어야 해요.

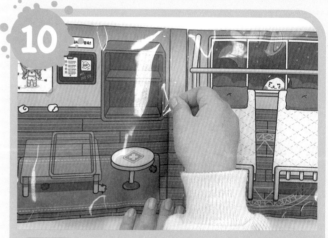

10

스쿼시북 스쿼시 2개 사이에 옆면 도안을 놓고, 약간의 여백을 주고 테이프로 연결해요. 나머지 스쿼시는 옆면 도안 가운데에 놓고 테이프로 연결해요. 책 겉에도 테이프를 붙여 더 튼튼하게 만들어요.

11

잠금 도안 잠금 도안에 벨크로나 양면테이프를 붙여 열고 닫을 수 있도록 만들어요.

12

과학실 책상 과학실 책상 도안을 위치에 놓고 아래쪽에 테이프를 붙여요.

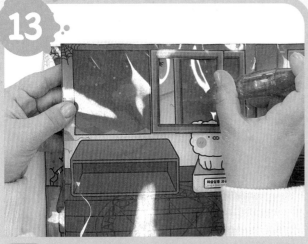

13 **창문** 창문 도안을 위치에 놓고 한쪽 옆면에 테이프를 붙여요. 열고 닫을 수 있도록 나머지 옆면 안쪽에 양면테이프를 붙여요.

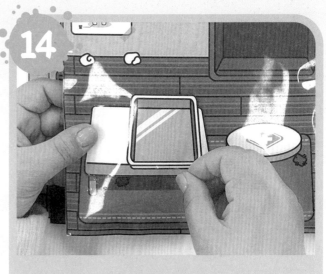

14 **보건실 책상** 보건실 책상 도안을 위치에 놓고 아래쪽에 테이프를 붙여요.

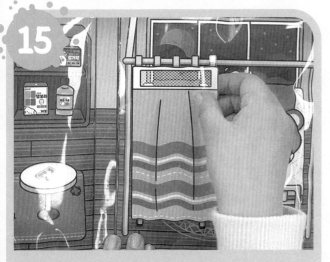

15 **커튼** 커튼 도안 뒷면 위쪽에 양면테이프를 붙이고 스퀴시북에 붙여요.

16 **정리** 스퀴시북에 소품들을 정리해요.

완성

오싹오싹 공포의 숨바꼭질

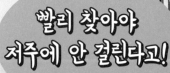

만드는 방법

1

코팅 책 도안은 손코팅지로 앞면만 코팅하고, 소품 도안은 양면을 코팅해요. *잠금 도안은 구부리기 쉽도록 투명 박스 테이프로 양면을 코팅해요.

2

오리기 선을 따라서 도안을 모두 오려요. 오븐 문 안쪽은 가위집 내어 가위로 오려요.

3

양면테이프 떼었다 붙였다 하는 소품 뒷면에 투명 양면테이프를 붙여요.

4

옷장 문 조립 도안 뒷면에 풀칠을 하고 도안 2장을 뒷면끼리 포개어 붙여요.

5

냉장고 문 조립 도안 뒷면에 풀칠을 하고 도안 2장을 뒷면끼리 포개어 붙여요.

6

화장실 문 조립 도안 뒷면에 풀칠을 하고 도안 2장을 뒷면끼리 포개어 붙여요.

7

영혼 주문서 도안 뒷면에 풀칠을 하고 도안 2장을 뒷면끼리 포개어 붙여요.

8

옆면 도안 도안 뒷면에 풀칠을 하고 도안 2장을 뒷면끼리 포개어 붙여요.

9

잠금 도안 책 도안 6 뒷면에 잠금 도안을 별표에 맞춰 놓고 테이프를 붙여요. 잠금 도안 앞면도 테이프를 붙여 고정해요. 잠금 도안에 벨크로나 양면테이프를 붙여 열고 닫을 수 있도록 만들어요.

10

스퀴시 책 도안을 포개어서 솜 구멍만 남기고 모두 테이프를 붙여요. 안에 솜을 납작하게 펴서 넣고, 테이프를 붙여서 솜 구멍을 막아요. *솜을 너무 많이 넣으면 잘 터지기 때문에 적당히 넣어야 해요.

11

스퀴시북 스퀴시 2개 사이에 옆면 도안을 놓고, 약간의 여백을 주고 테이프로 연결해요. 나머지 스퀴시는 옆면 도안 가운데에 놓고 테이프로 연결해요. 책 겉에도 테이프를 붙여 더 튼튼하게 만들어요.

12

냉장고 문 냉장고 도안을 위치에 놓고 한쪽 옆면에 테이프를 붙여요.

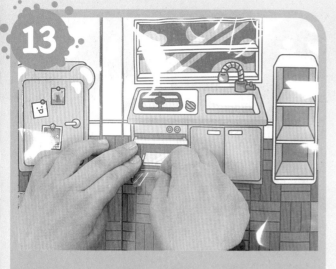

13 **싱크대·오븐문** 싱크대 문은 좌우 바깥쪽 옆면에 테이프를 붙이고, 오븐 문은 위쪽에 테이프를 붙여요.

14 **옷장 문** 옷장 문 도안을 위치에 놓고 한쪽 옆면에 테이프를 붙여요.

15 **화장실 문** 화장실 문 도안을 위치에 놓고 한쪽 옆면에 테이프를 붙여요.

16 **정리** 스퀴시북에 소품들을 정리해요.

완성

오싹오싹 공포의 귀곡산장

만드는 방법

1

코팅 책 도안은 손코팅지로 앞면만 코팅하고, 소품 도안은 양면을 코팅해요. *잠금 도안은 구부리기 쉽도록 투명 박스 테이프로 양면을 코팅해요.

2

오리기 선을 따라서 도안을 모두 오려요. 목마, 밭 도안은 칼로 오려요.

3

양면테이프 떼었다 붙였다 하는 소품 뒷면에 투명 양면테이프를 붙여요.

4

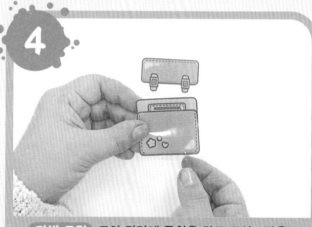

가방 조립 도안 뒷면에 풀칠을 하고 도안 2장을 뒷면끼리 포개어 붙여요. 가방 앞면 아래쪽과 뚜껑 위쪽을 테이프로 연결해요. 열고 닫을 수 있도록 안쪽에 양면테이프를 붙여요.

5

창문 조립 도안 뒷면에 풀칠을 하고 도안 2장을 뒷면끼리 포개어 붙여요.

6

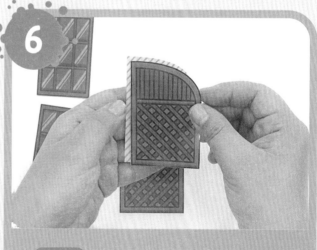

문 조립 도안 뒷면에 풀칠을 하고 도안 2장을 뒷면끼리 포개어 붙여요.

7

옆면 도안 도안 뒷면에 풀칠을 하고 도안 2장을
뒷면끼리 포개어 붙여요.

8

잠금 도안 책 도안 6 뒷면에 잠금 도안을 별표에
맞춰 놓고 테이프를 붙여요. 앞면도 테이프를 붙여
고정해요.

9

스퀴시 책 도안을 포개어서 솜 구멍만 남기고 모두
테이프를 붙여요. 안에 솜을 납작하게 펴서 넣고, 테이프를
붙여서 솜 구멍을 막아요. *솜을 너무 많이 넣으면
잘 터지기 때문에 적당히 넣어야 해요.

10

스퀴시북 스퀴시 2개 사이에 옆면 도안을 놓고, 약간의
여백을 주고 테이프로 연결해요. 나머지 스퀴시는 옆면
도안 가운데에 놓고 테이프로 연결해요. 책 겉에도
테이프를 붙여 더 튼튼하게 만들어요.

11

잠금 도안 잠금 도안에 벨크로나 양면테이프를
붙여 열고 닫을 수 있도록 만들어요.

12

밭 밭 도안을 위치에 놓고 양옆을 테이프로 붙여요.

13 **문** 문 도안을 위치에 놓고 한쪽 옆면에 테이프를 붙여요.

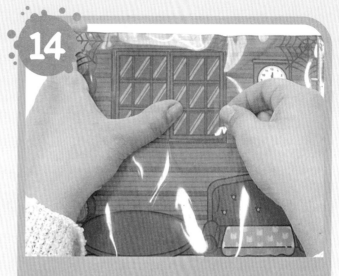

14 **창문** 창문 도안을 위치에 놓고 한쪽 옆면에 테이프를 붙여요.

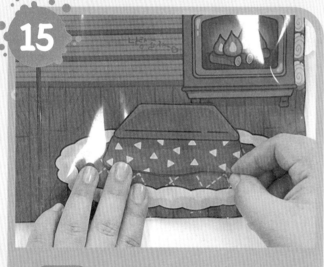

15 **테이블** 테이블 도안을 위치에 놓고 아래쪽만 테이프를 붙여요.

16 **정리** 스퀴시북에 소품들을 정리해요.

완성

오싹오싹 공포의 결혼식

만드는 방법

1

코팅 책 도안은 손코팅지로 앞면만 코팅하고, 소품 도안은 양면을 코팅해요.

2

코팅 잠금 도안은 구부리기 쉽도록 투명 박스 테이프로 양면을 코팅해요.

3

오리기 선을 따라서 도안을 모두 오려요. 돼지 저금통, 카메라, 웨딩 케이크는 칼로 오려요.

4

양면테이프 떼었다 붙였다 하는 소품 뒷면에 투명 양면테이프를 붙여요.

5

가방 도안 뒷면에 풀칠을 하고 도안 2장을 뒷면끼리 포개어 붙여요.

6
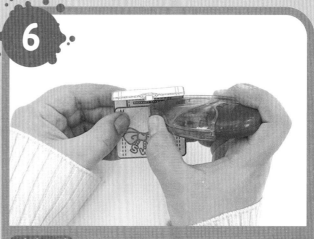

가방 조립 가방 앞면 아래쪽과 뚜껑 위쪽을 테이프로 연결해요. 열고 닫을 수 있도록 안쪽에 양면테이프를 붙여요.

청첩장 도안 뒷면에 풀칠을 하고 도안 2장을 뒷면끼리 포개어 붙여요.

옆면 도안 도안 뒷면에 풀칠을 하고 도안 2장을 뒷면끼리 포개어 붙여요.

잠금 도안 책 도안 6 뒷면에 잠금 도안을 별표에 맞춰 놓고 테이프를 붙여요. 앞면도 테이프를 붙여 고정해요.

스퀴시 책 도안을 포개어서 솜 구멍만 남기고 모두 테이프를 붙여요. 안에 솜을 납작하게 펴서 넣고, 테이프를 붙여서 솜 구멍을 막아요. *솜을 너무 많이 넣으면 잘 터지기 때문에 적당히 넣어야 해요.

스퀴시북 스퀴시 2개 사이에 옆면 도안을 놓고, 약간의 여백을 주고 테이프로 연결해요. 나머지 스퀴시는 옆면 도안 가운데에 놓고 테이프로 연결해요. 책 겉에도 테이프를 붙여 더 튼튼하게 만들어요.

잠금 도안 잠금 도안에 벨크로나 양면테이프를 붙여 열고 닫을 수 있도록 만들어요.

13

예식장 문 예식장 문 도안을 위치에 놓고 한쪽 옆면에 테이프를 붙여요.

14

신부 대기실 문 신부 대기실 문 도안을 위치에 놓고 한쪽 옆면에 테이프를 붙여요.

15

테이블 테이블 도안을 위치에 놓고 아래쪽만 테이프를 붙여요.

16

정리 스퀴시북에 소품들을 정리해요.

완성

시워니를 구해줘!
오싹오싹 공포의 조선설화

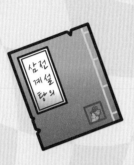

시워니를 낮게 할 재료를 찾아야 해!

우오오오... 뭐가 필요해...?

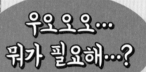

만드는 방법

1

코팅 책 도안은 손코팅지로 앞면만 코팅하고, 소품 도안은 양면을 코팅해요. *잠금 도안은 구부리기 쉽도록 투명 박스 테이프로 양면을 코팅해요.

2

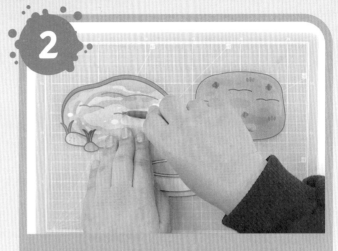

오리기 선을 따라서 도안을 모두 오려요. 연못, 인삼밭, 솥 도안은 칼로 오려요.

3

양면테이프 떼었다 붙였다 하는 소품 뒷면에 투명 양면테이프를 붙여요.

4

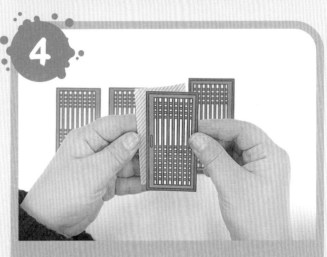

기와집·초가집 문 조립 도안 뒷면에 풀칠을 하고 도안 2장을 뒷면끼리 포개어 붙여요.

5

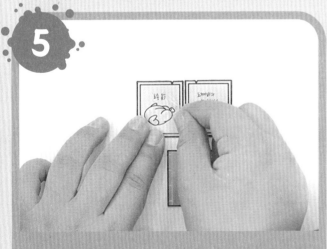

전설의 삼계탕 미니북 조립 도안 뒷면에 풀칠을 하고 도안 2장을 뒷면끼리 포개어 붙이고, 테이프로 연결해요.

6

옆면 도안 도안 뒷면에 풀칠을 하고 도안 2장을 뒷면끼리 포개어 붙여요.

7

잠금 도안 책 도안 6 뒷면에 잠금 도안을 별표에 맞춰 놓고 테이프를 붙여요. 잠금 도안 앞면도 테이프를 붙여 고정해요. 잠금 도안에 벨크로나 양면테이프를 붙여 열고 닫을 수 있도록 만들어요.

8

스퀴시 책 도안을 포개어서 솜 구멍만 남기고 모두 테이프를 붙여요. 안에 솜을 납작하게 펴서 넣고, 테이프를 붙여서 솜 구멍을 막아요. *솜을 너무 많이 넣으면 잘 터지기 때문에 적당히 넣어야 해요.

9

스퀴시북 스퀴시 2개 사이에 옆면 도안을 놓고, 약간의 여백을 주고 테이프로 연결해요. 나머지 스퀴시는 옆면 도안 가운데에 놓고 테이프로 연결해요. 책 겉에도 테이프를 붙여 더 튼튼하게 만들어요.

10

솥 솥 도안을 위치에 놓고 양옆과 아래쪽에 테이프를 붙여요.

11

기와집 문 기와집 문 도안을 위치에 놓고 한쪽 옆면에 테이프를 붙여요.

12

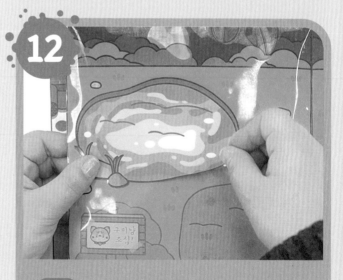

연못 연못 도안을 위치에 놓고 위아래와 양옆에 테이프를 붙여요.

13 **인삼밭** 인삼밭 도안을 위치에 놓고 위아래와 양옆에 테이프를 붙여요.

14 **풀숲** 풀숲 도안을 위치에 놓고 아래쪽에 테이프를 붙여요. 안쪽에 있는 풀숲 도안부터 붙여야 해요.

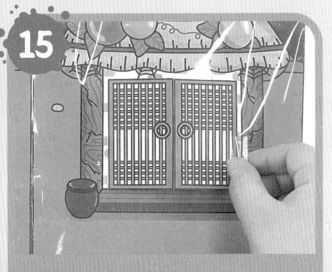

15 **초가집 문** 초가집 문 도안을 위치에 놓고 한쪽 옆면만 테이프를 붙여요.

16 **정리** 스퀴시북에 소품들을 정리해요.

완성

모두 좀비로 변하고 있어!
오싹오싹 공포의 좀비 바이러스

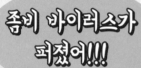
좀비 바이러스가 퍼졌어!!!

백신을 찾아야 해!!

만드는 방법

1

코팅 책 도안은 손코팅지로 앞면만 코팅하고, 소품 도안은 양면을 코팅해요.

2

코팅 잠금 도안은 구부리기 쉽도록 투명 박스 테이프로 양면을 코팅해요.

3

오리기 선을 따라서 도안을 모두 오려요.

4

양면테이프 떼었다 붙였다 하는 소품 뒷면에 투명 양면테이프를 붙여요.

5

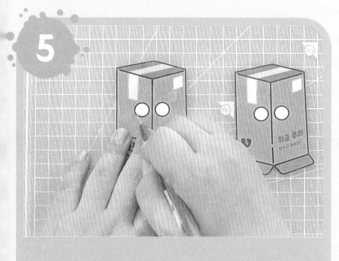

오리기 박스 도안의 눈구멍은 칼로 오려요.

6

박사 노트 조립 노트 도안의 날짜 순서대로 위쪽에 테이프를 붙여 연결해요.

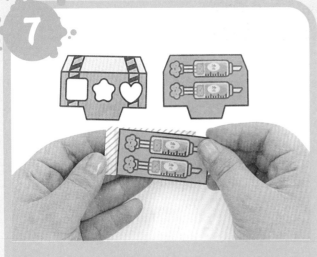

7 백신 상자 도안 뒷면에 풀칠을 하고 도안 2장을 뒷면끼리 포개어 붙여요.

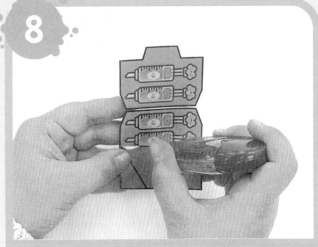

8 백신 상자 조립 백신 상자 앞면 아래쪽과 뚜껑 위쪽을 테이프로 연결해요. 열고 닫을 수 있도록 안쪽에 양면테이프를 붙여요.

9 옆면 도안 도안 뒷면에 풀칠을 하고 도안 2장을 뒷면끼리 포개어 붙여요.

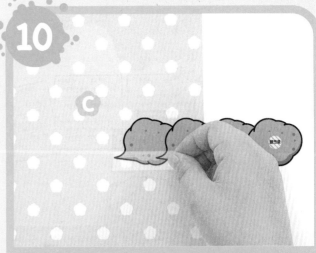

10 잠금 도안 책 도안 6 뒷면에 잠금 도안을 별표에 맞춰 놓고 테이프를 붙여요. 앞면도 테이프를 붙여 고정해요.

11 스퀴시 책 도안을 포개어서 솜 구멍만 남기고 모두 테이프를 붙여요. 안에 솜을 납작하게 펴서 넣고, 테이프를 붙여서 솜 구멍을 막아요. *솜을 너무 많이 넣으면 잘 터지기 때문에 적당히 넣어야 해요.

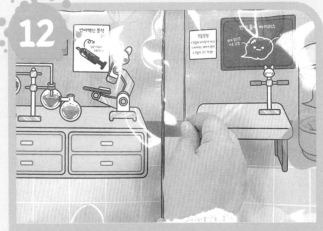

12 스퀴시북 스퀴시 2개 사이에 옆면 도안을 놓고, 약간의 여백을 주고 테이프로 연결해요. 나머지 스퀴시는 옆면 도안 가운데에 놓고 테이프로 연결해요. 책 겉에도 테이프를 붙여 더 튼튼하게 만들어요.

잠금 도안 잠금 도안에 벨크로나 양면테이프를 붙여 열고 닫을 수 있도록 만들어요.

서랍문 서랍문 도안을 위치에 놓고 양옆과 아래쪽에 테이프를 붙여요.

채소&과일 상자 채소&과일 상자 도안을 위치에 놓고 양옆과 아래쪽에 테이프를 붙여요.

정리 스퀴시북에 소품들을 정리해요.

완성

만드는 방법

1
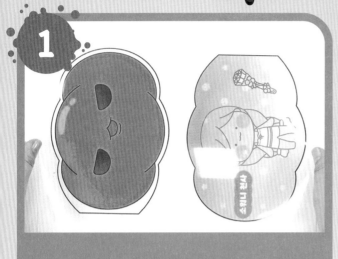

코팅 책 도안은 손코팅지로 앞면만 코팅해요.

2

코팅 소품 도안은 양면을 코팅해요.

3
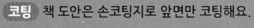

코팅 잠금 도안은 구부리기 쉽도록 투명 박스 테이프로 양면을 코팅해요.

4
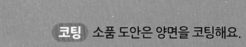

오리기 선을 따라서 도안을 모두 오려요.

5

양면테이프 떼었다 붙였다 하는 소품 뒷면에 투명 양면테이프를 붙여요.

6

옆면 도안 도안 뒷면에 풀칠을 하고 도안 2장을 뒷면끼리 포개어 붙여요.

7

잠금 도안 책 도안 12 뒷면에 잠금 도안을 별표에 맞춰 놓고 테이프를 붙여요. 앞면도 테이프를 붙여 고정해요.

8

스퀴시 책 도안을 포개어서 솜 구멍만 남기고 모두 테이프를 붙여요.

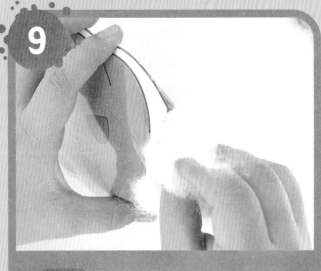

9

스퀴시 안에 솜을 납작하게 펴서 넣고, 테이프를 붙여서 솜 구멍을 막아요.

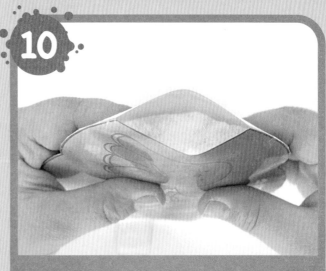

10

스퀴시 솜을 너무 많이 넣으면 잘 터지기 때문에 적당히 넣어야 해요.

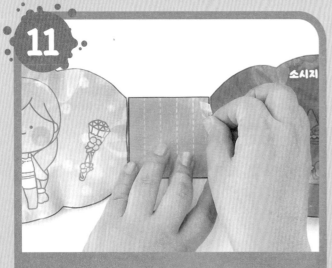

11

스퀴시북 스퀴시 2개 사이에 옆면 도안을 놓고, 약간의 여백을 주고 테이프로 연결해요.

12

스퀴시북 나머지 스퀴시는 옆면 도안 가운데에 놓고 테이프로 연결해요.

13 스퀴시북 책 겉에도 테이프를 붙여 더 튼튼하게
만들어요.

14 잠금 도안 잠금 도안에 벨크로나 양면테이프를
붙여 열고 닫을 수 있도록 만들어요.

토토 저승곰

햄찌 도깨비

15 정리 스퀴시북에 소품들을 정리해요.

완성

오싹오싹 핼러윈 파티

40

만드는 방법

1

코팅 책 도안은 손코팅지로 앞면만 코팅하고, 소품 도안은 양면을 코팅해요.

2
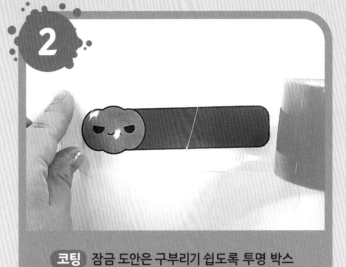

코팅 잠금 도안은 구부리기 쉽도록 투명 박스 테이프로 양면을 코팅해요.

3

오리기 선을 따라서 도안을 모두 오려요.

4

양면테이프 떼었다 붙였다 하는 소품 뒷면에 투명 양면테이프를 붙여요.

5

옆면 도안 도안 뒷면에 풀칠을 하고 도안 2장을 뒷면끼리 포개어 붙여요.

6

잠금 도안 책 도안 8 뒷면에 잠금 도안을 별표에 맞춰 놓고 테이프를 붙여요. 앞면도 테이프를 붙여 고정해요.

스퀴시 책 도안을 포개어서 솜 구멍만 남기고 모두 테이프를 붙여요.

스퀴시 안에 솜을 납작하게 펴서 넣고, 테이프를 붙여서 솜 구멍을 막아요. *솜을 너무 많이 넣으면 잘 터지기 때문에 적당히 넣어야 해요.

스퀴시북 스퀴시 2개 사이에 옆면 도안을 놓고, 약간의 여백을 주고 테이프로 연결해요. 나머지 스퀴시는 옆면 도안 가운데에 놓고 테이프로 연결해요.

스퀴시북 책 겉에도 테이프를 붙여 더 튼튼하게 만들어요.

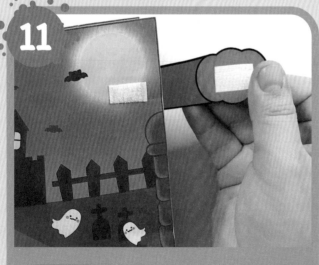

잠금 도안 잠금 도안에 벨크로나 양면테이프를 붙여 열고 닫을 수 있도록 만들어요.

드라큘라 관 조립 드라큘라 관 도안을 한쪽 옆면만 테이프로 연결해요. 관 안쪽 가장자리에 양면테이프를 붙여 열고 닫을 수 있도록 만들어요.

13 **호박 바구니** 호박 바구니 도안을 위치에 놓고 호박 바구니 도안 뒷면의 아래, 옆면에 테이프를 붙이고 스퀴시북에 붙여요.

14 **테이블** 테이블 도안 뒷면의 아래, 옆면에 테이프를 붙이고 스퀴시북에 붙여요.

15

가오나시
kaonasi

쳐키
chucky

정리 스퀴시북에 소품들을 정리해요.

완성

소쿠니놀이터
해피 핼러윈
HAPPY HALLOWEEN

소워니놀이터

SOWONY PLAYGROUND

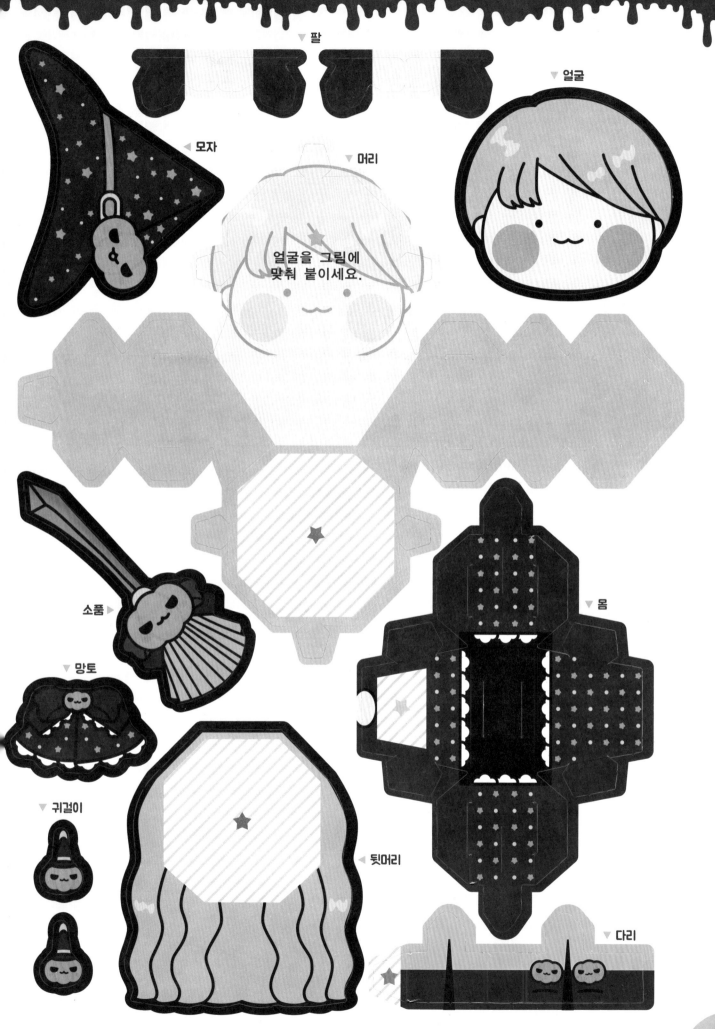

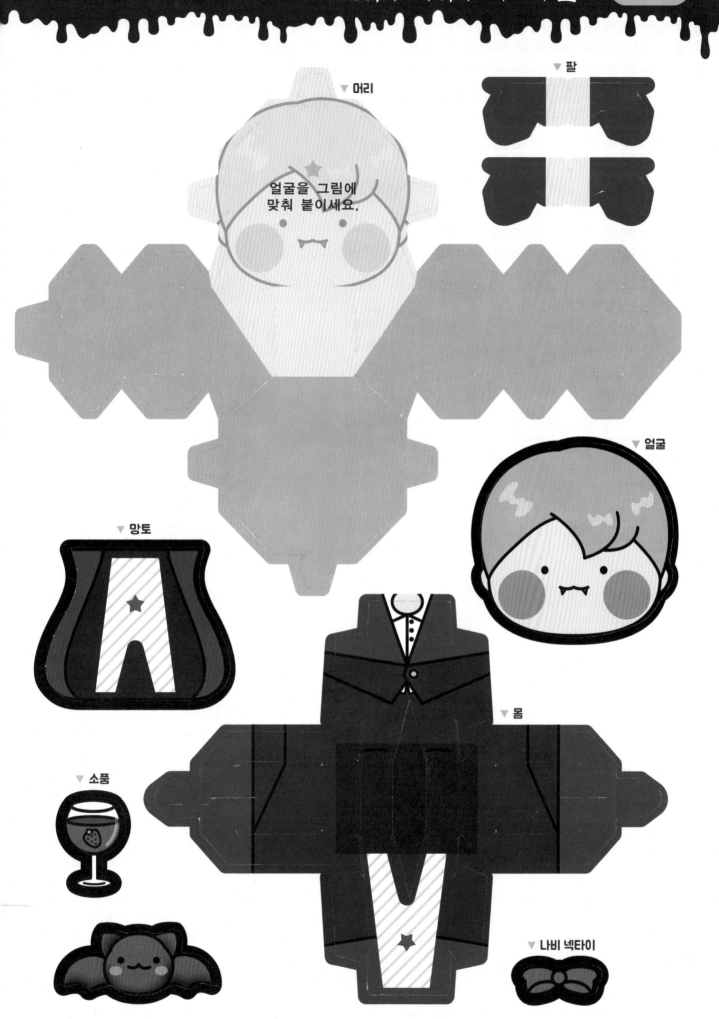

▼ 머리

▼ 팔

얼굴을 그림에
맞춰 붙이세요.

▼ 얼굴

▼ 망토

▼ 몸

▼ 소품

▼ 나비 넥타이

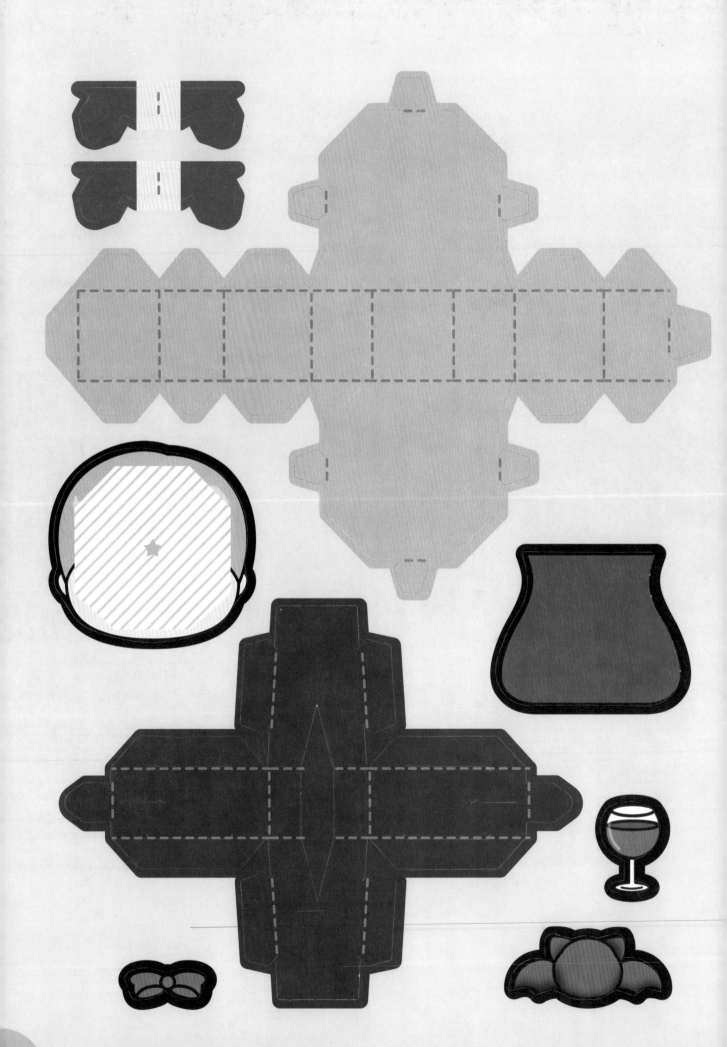

▼ 책 도안 1

▼ 책 도안 2

곧 널 만나러 갈게..

분신사바..궁금하니?

두 사람이 ㅇ X가 그려진 흰 종이 위에
연필을 같이 쥐고
"분신사바 분신사바 오이와 코주마사이다"
주문을 반복해서 말해봐...

〈청소당번〉
소윤니
시원니

소시지천재!

소우니

▼ 책 도안 3

▼ 책 도안 3

▼ 책 도안 4

B

▼ 책 도안 5

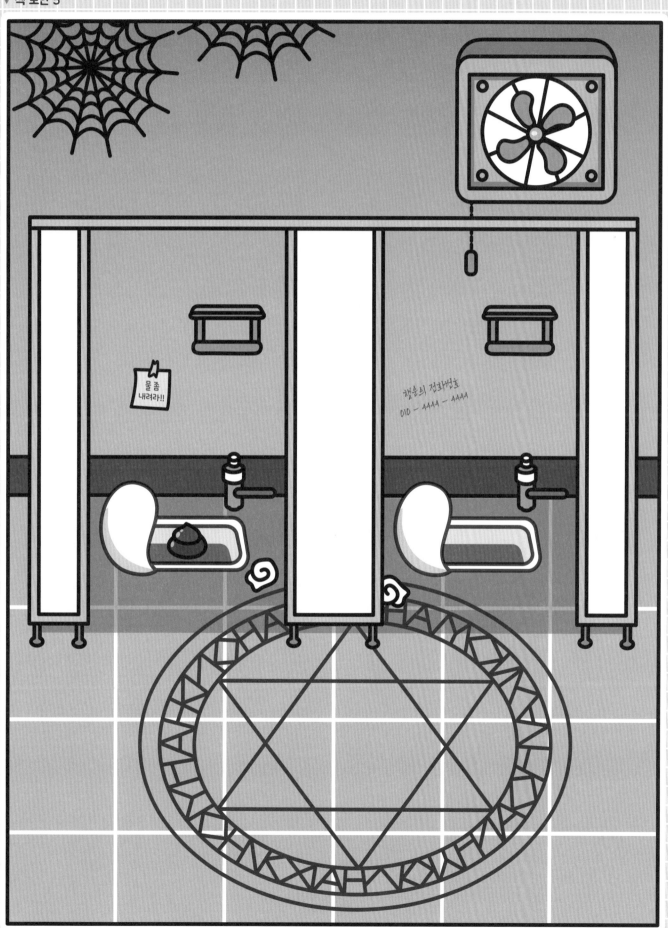

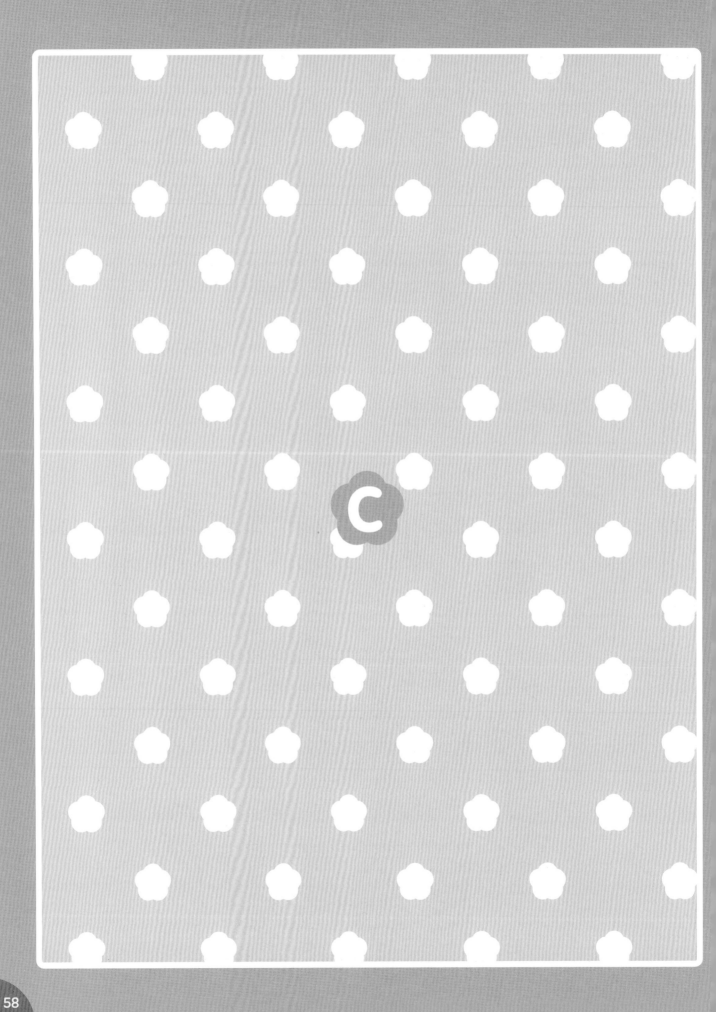

▼ 책 도안 6

©소원니놀이터 All rights reserved.

▼ 옆면 도안

▼ 학교괴담 미니북

손전등

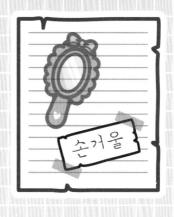

손거울

리모컨

휴지

스카이콩콩

베트로놈

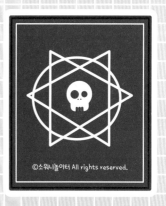

©소워니놀이터 All rights reserved.

▼ 화장실 문

▼ 청소함 문

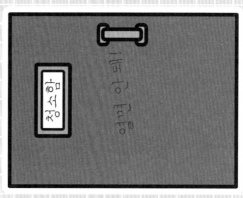

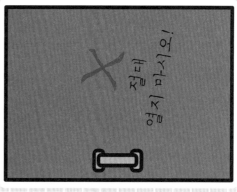

▼ 피아노 덮개

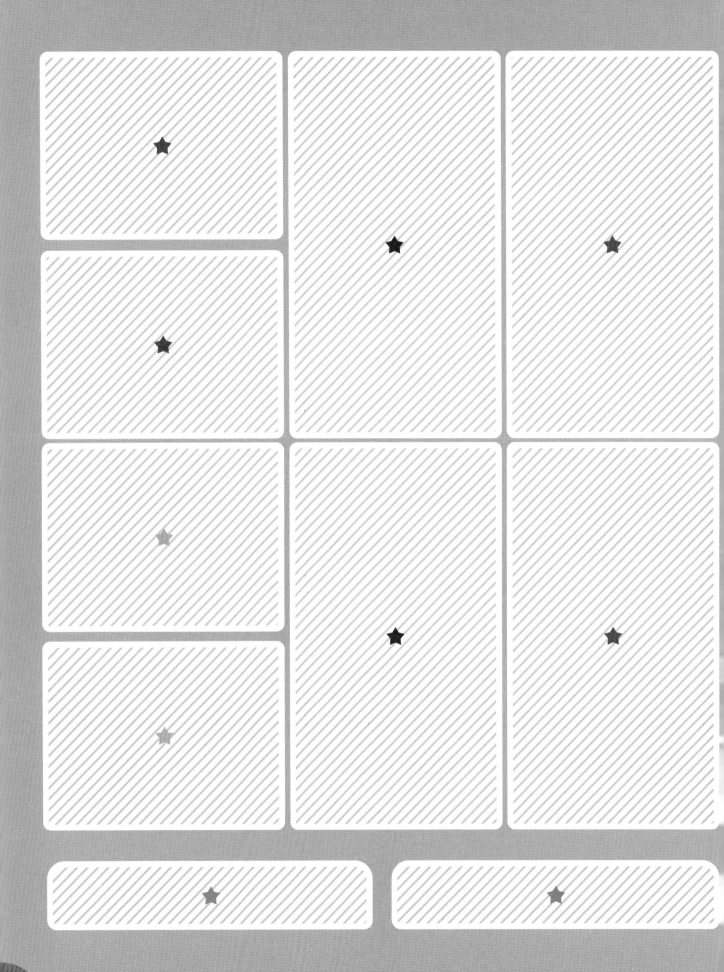

▼ 시워니

▼ 소워니

▼ 소시지

▼ 소품

▼ 피아노

소시지천재!

▼ 텔레비전

▼ 책상

▼ 창문

소위내♡

▲ 소시지

▼ 햄찌

▼ 소품

▼ 몽실이

▼ 냥냥

◀ 토토

▶ 토깽이

▼ 잠금 도안

벨크로

▼ 책 도안 1

인체 포스터 귀신 토깽이
내..심장을 찾아줘..

과학실 선생님 귀신 냥냥이
실험 결과.. 알려줘..

미술실 액자 귀신 햄찌
눈썹.. 나만.. 없어..

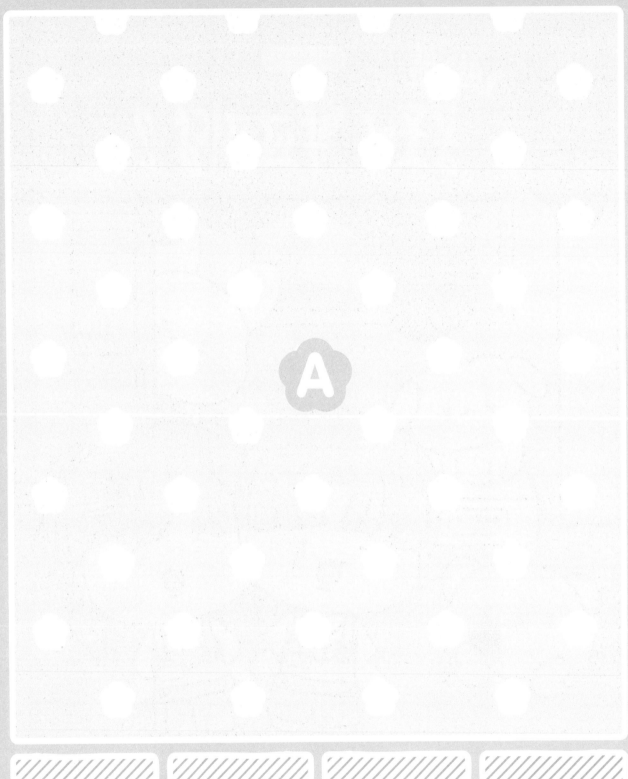

▼ 책 도안 2

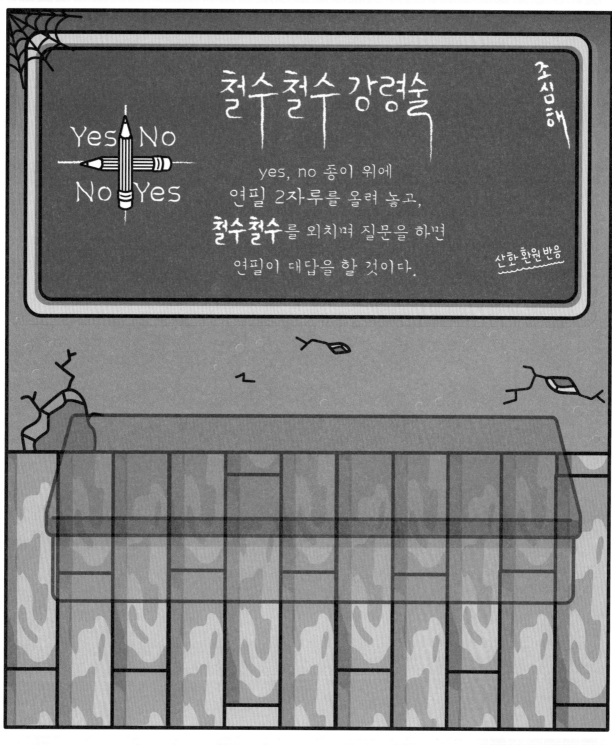

Yes No
No Yes

철수철수 강령술

조심해

yes, no 종이 위에
연필 2자루를 올려 놓고,
철수철수를 외치며 질문을 하면
연필이 대답을 할 것이다.

산한 환원 반응

학교괴담
미니북

미술실 동상 귀신 뭉실이

내 초상화,, 그려줄래,,?

양호실 팔꿈치 귀신 토토

나도,, 걷고 싶어,,

노란 마스크 귀신 소시지

나,, 잘생겼나,,??

©소원니놀이터 All rights reserved.

71

▼ 책 도안 3

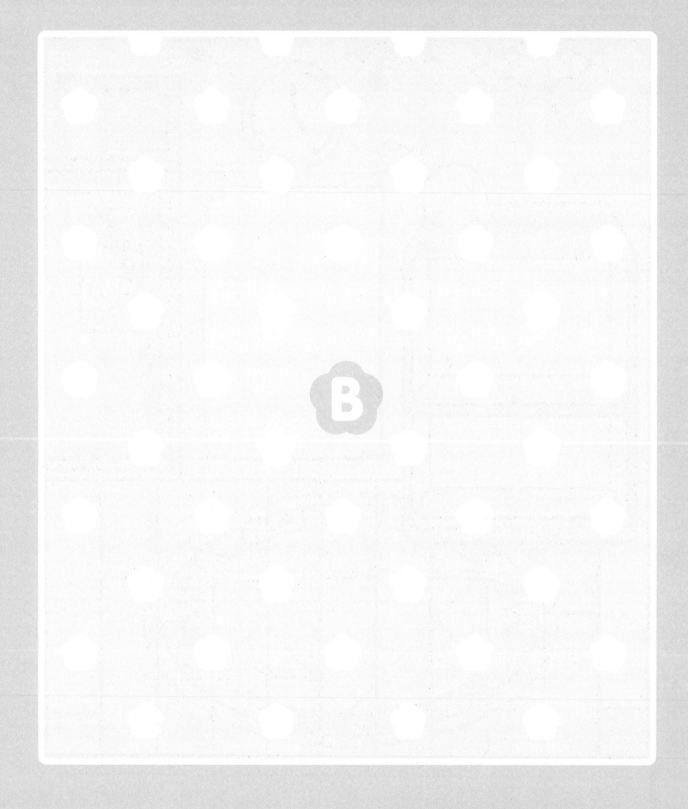

▼ 책 도안 4

▼ 책 도안 5

▼ 책 도안 6

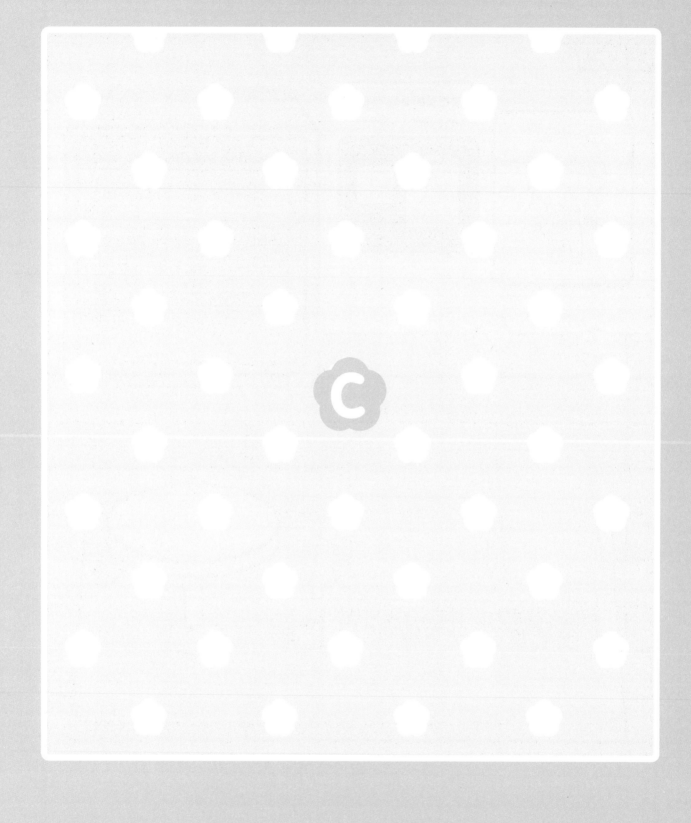

▼ 책 도안 7

오싹오싹 공포의 학교괴담 2 앞면 코팅

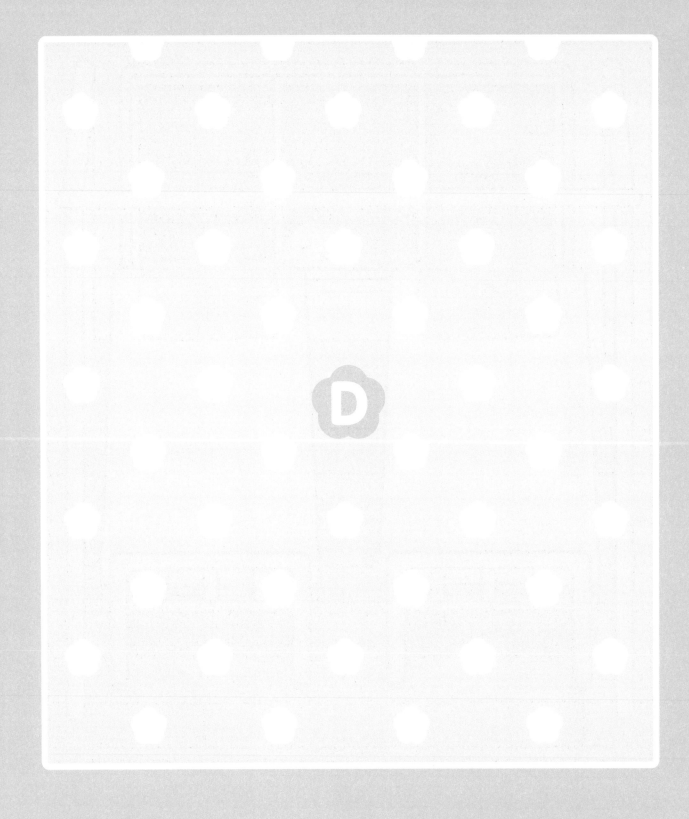

▼ 책 도안 8

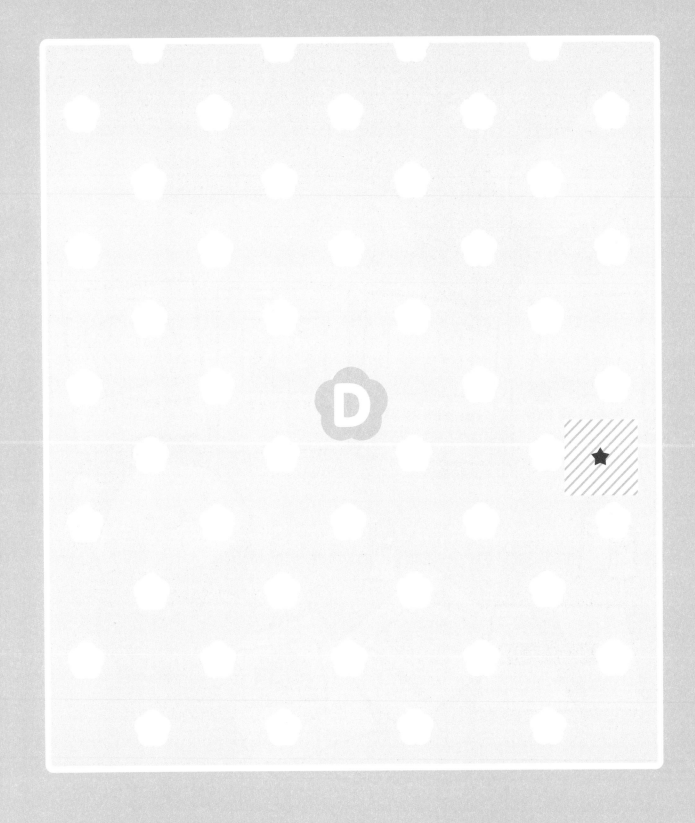

▼ 옆면 도안

▼ 창문

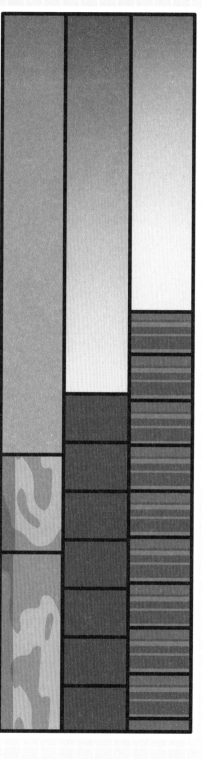

◀ 그림

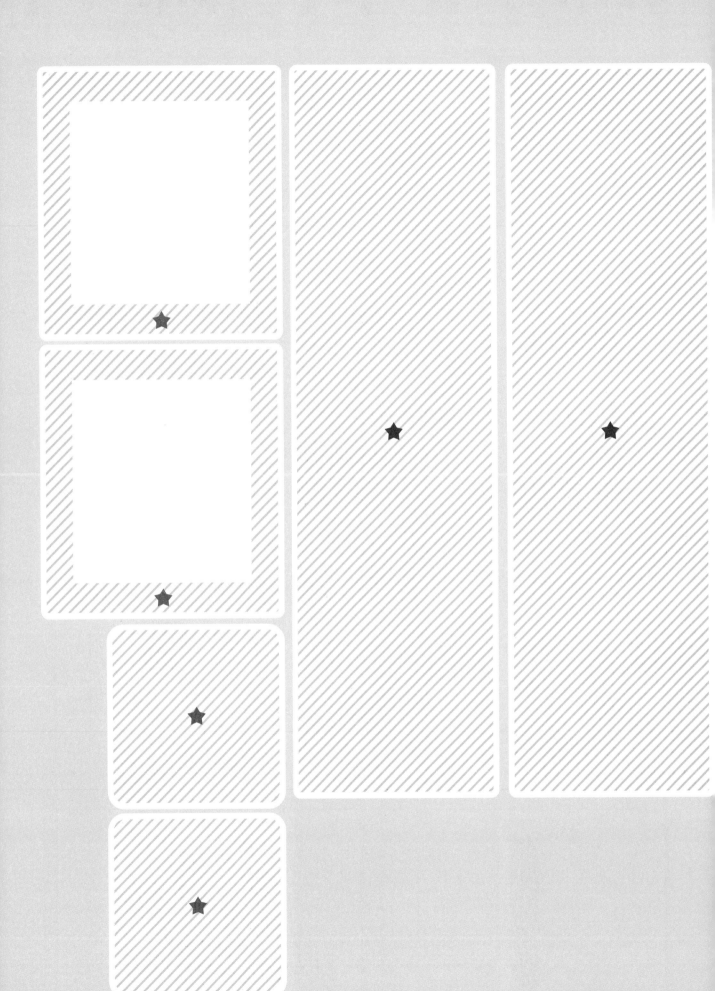

▼ 커튼

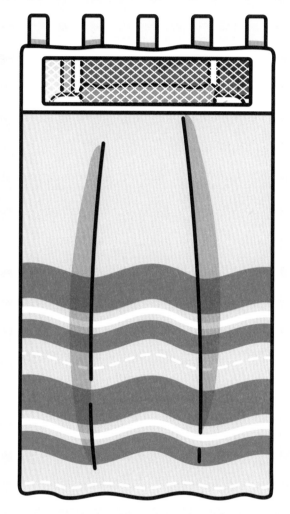

투명 박스 레이프 / 양면 코팅

▼ 잠금 도안

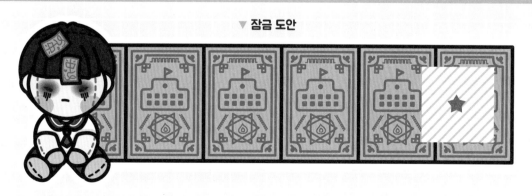

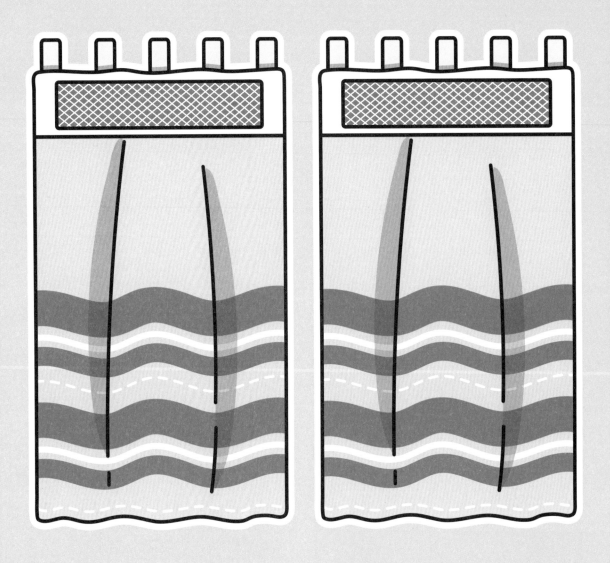

벨크로

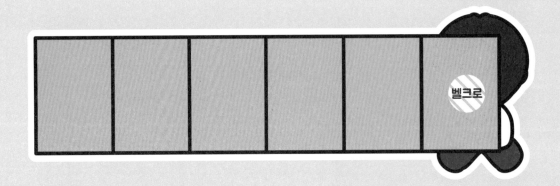

벨크로

▼ 소워니

▼ 시워니

▼ 소품

✤실험결과✤
요오드용액 + 물에
빨간약
를 넣으면
물이 투명색으로 변한다!

▼ 토깽이

▼ 냥냥

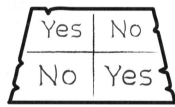

| Yes | No |
| No | Yes |

비타민C

비타민D

개구리 표본

토끼 심장 표본

Bc

Bd

▼ 과학실 책상

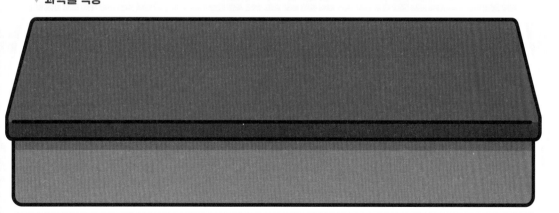

▼ 햄찌 얼굴　　▼ 햄찌　　　　　　　▼ 강시　　　　　　　▼ 소품

▼ 토토

▼ 토토 상반신　　　　　▼ 소시지

▼ 몽실이

▼ 보건실 책상

미술실용 교구
※ 수업 외 건드리지 마시오 ※

감기약

댕보라 정

소화제

▼ 책 도안 1

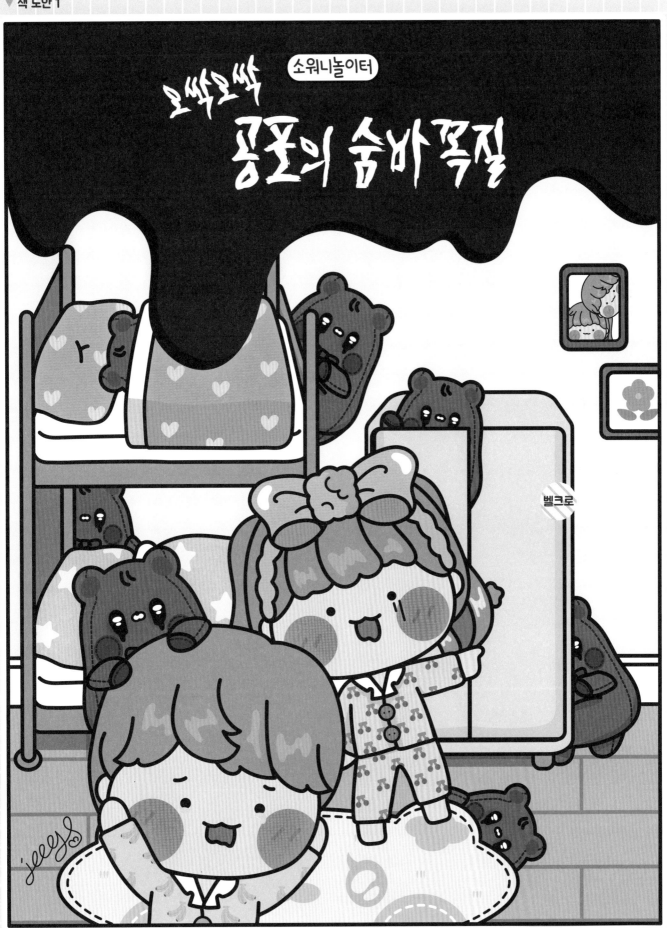

▼ 책 도안 2

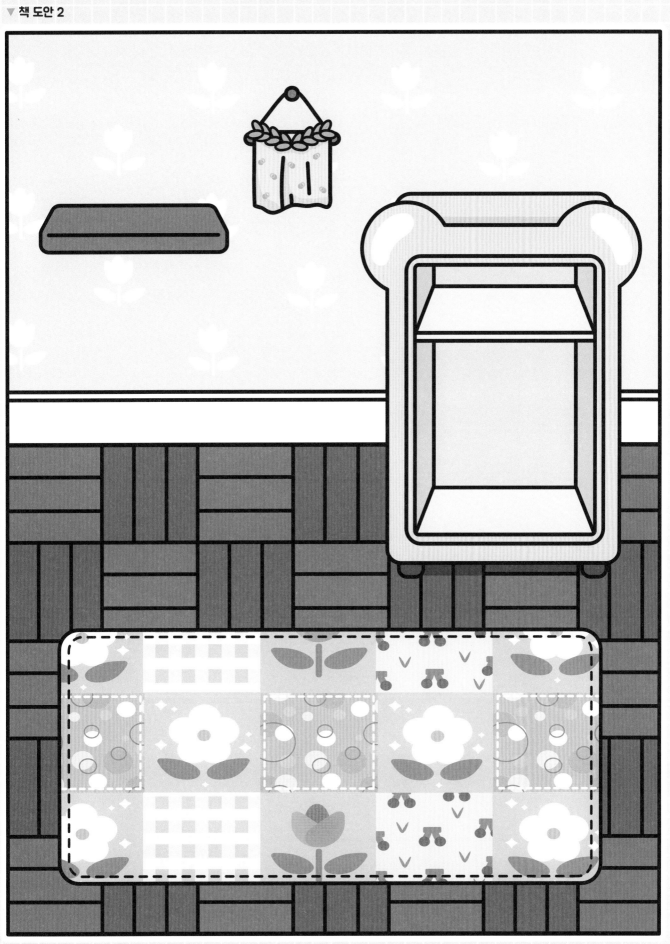

오싹오싹 공포의 숨바꼭질 앞면 코팅

▼ 책 도안 2

▼ 책 도안 3

▼ 책 도안 3

▼ 책 도안 4

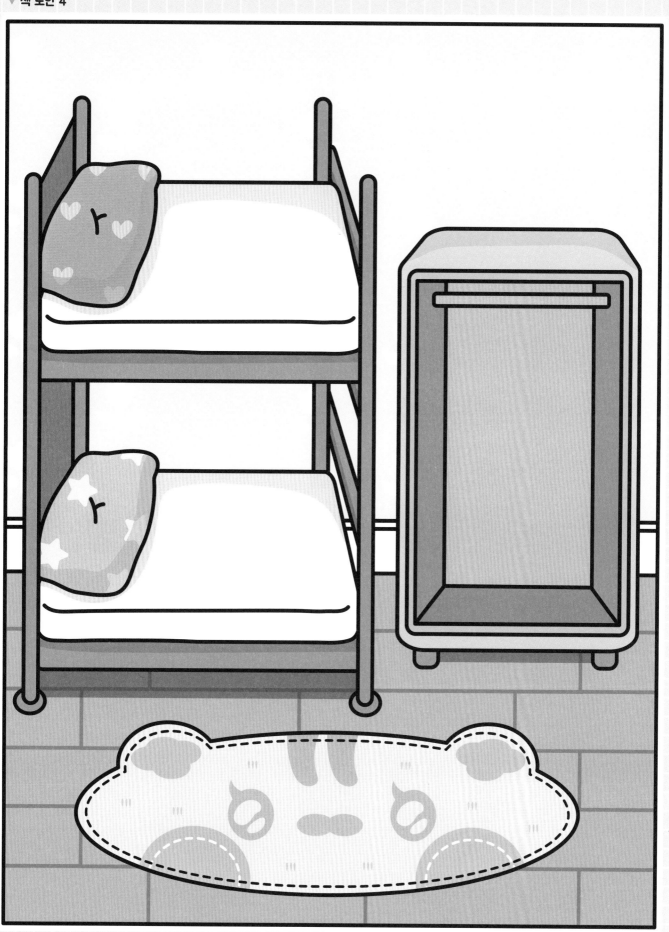

앞면 코팅

▲ 책 도안 4

▼ 책 도안 5

오싹오싹 공포의 숨바꼭질 앞면 코팅

책 도안 5

오싹오싹 공포의 숨바꼭질 앞면 코팅

▼ 책 도안 6

©소워니놀이터 All rights reserved

▲ 책 도안 6

▼ 옆면 도안

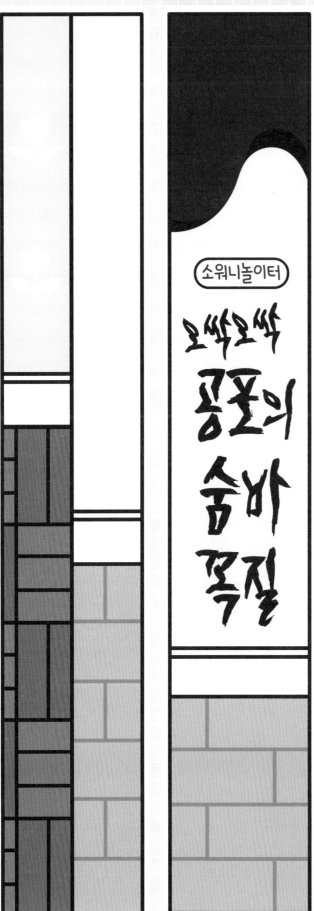

소워니놀이터

오싹오싹 공포의 숨바꼭질

▼ 화장실 문

화장실

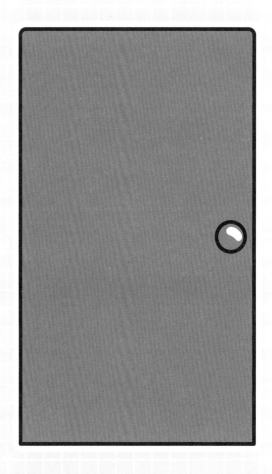

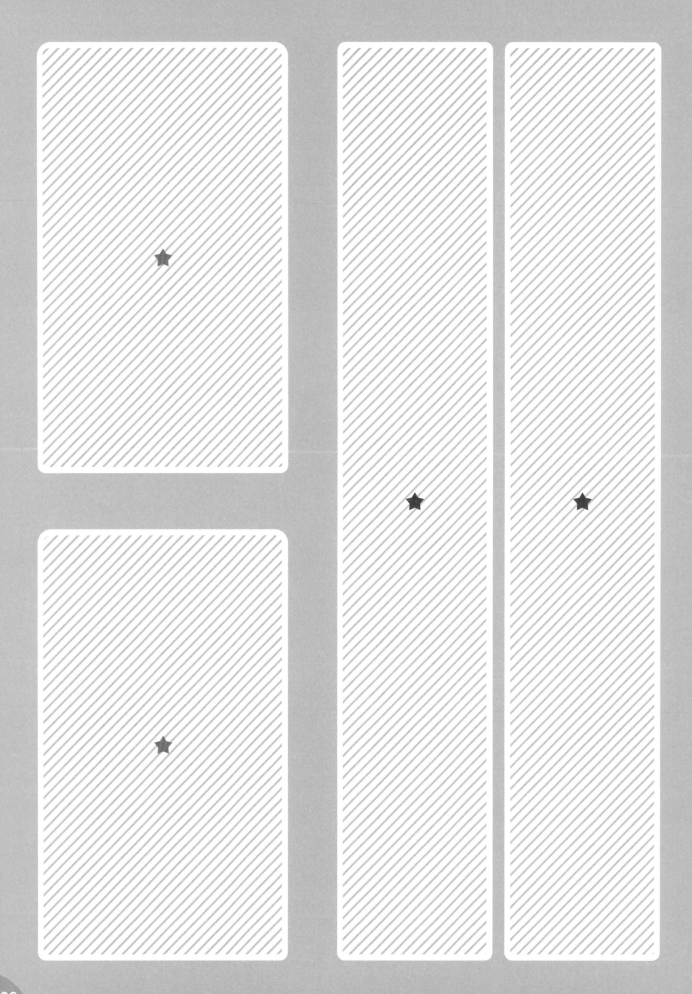

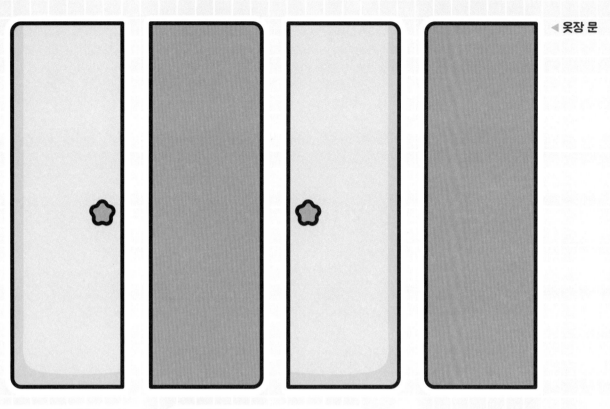

◀ 옷장 문

곰인형♡

▲ 냉장고 문

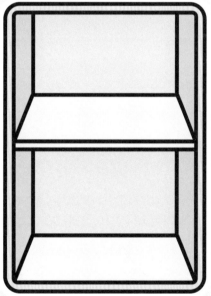

투명 박스 테이프 / 양면 커팅

▶ 잠금 도안

영혼 주문서 ▶

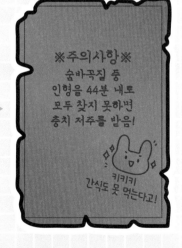

※주의사항※
숨바꼭질 중
인형을 44분 내로
모두 찾지 못하면
충치 저주를 받음!

키키키
간식도 못 먹는다고!

숨바꼭질 인형 영혼 주문서

"돌구리당당
돌구리당당
인형! 인형!" 3번
외치기

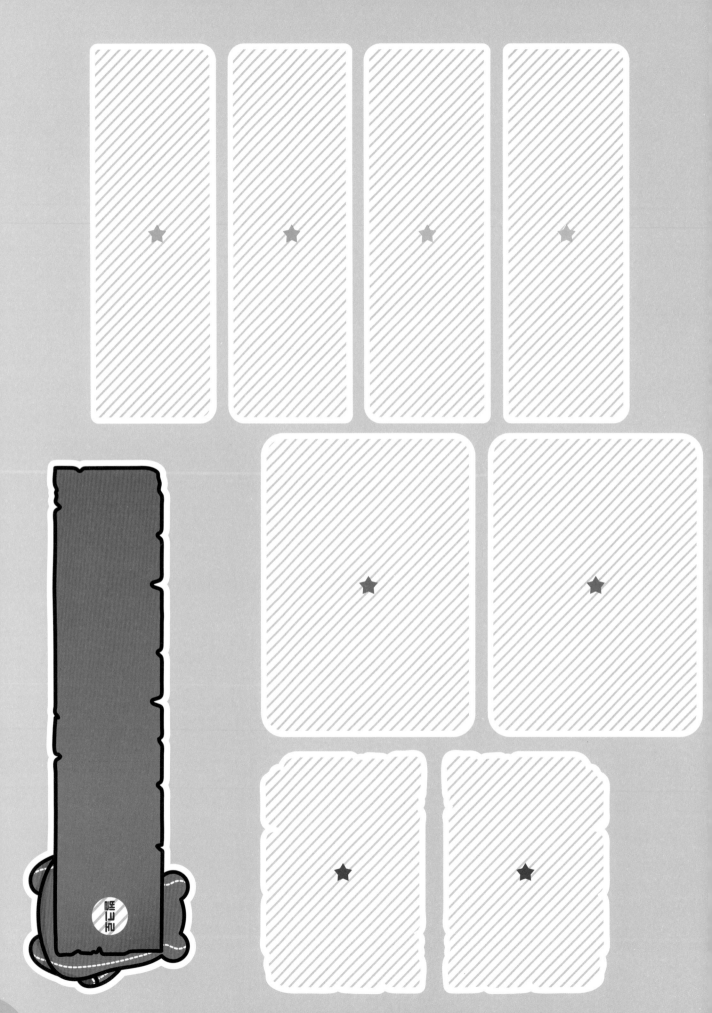

▼ 소워니

▼ 시워니

▼ 소품

받아쓰기
1. 너무너무 화나써
2. 이거 마싯따
3. 감기 빨리 낭아
4. 열심히 것기

▼ 몽실이

▼ 소시지

깨끗 물티슈

Body Lotion

소시지 은행 500원

▼ 토깽이

▼ 토토

▼ 햄찌

▼ 싱크대 문

▼ 소품

▼ 오븐 문

▼ 소파

토깽♥

햄찌

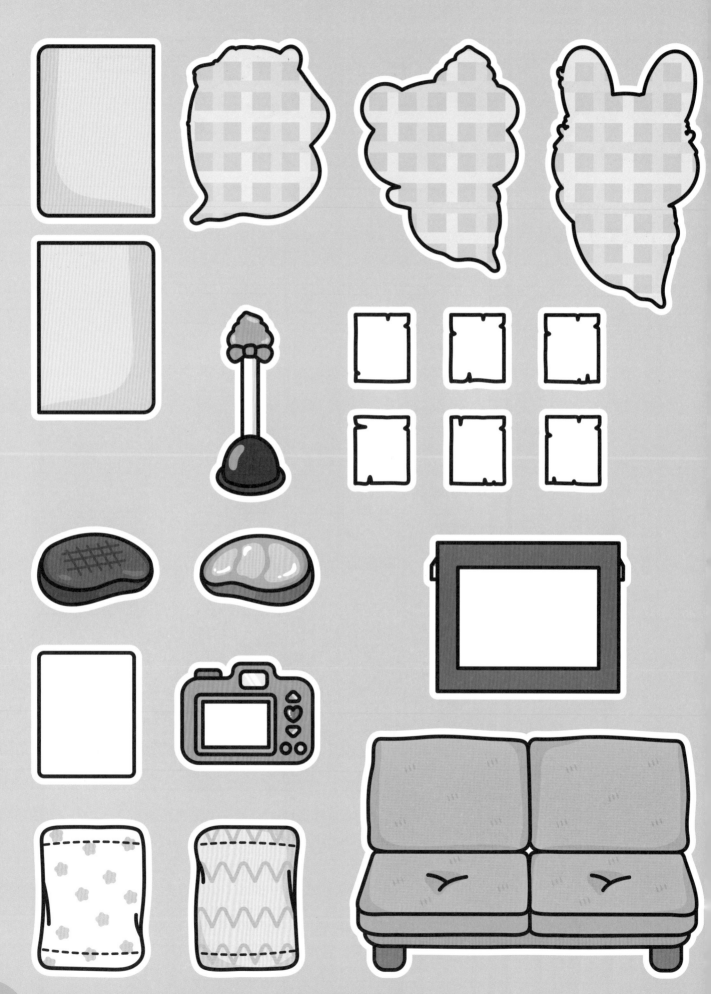

▼ 이불

▼ 테이블

▼ 소품

◀ 냥냥

Flower

▼ 책 도안 1

▼ 책 도안 2

▲ 책 도안 2

▼ 책 도안 3

▼ 책 도안 4

▼ 책 도안 4

▼ 책 도안 5

책 도안 5

▼ 책 도안 6

ⓒ소워니놀이터 All rights reserved.

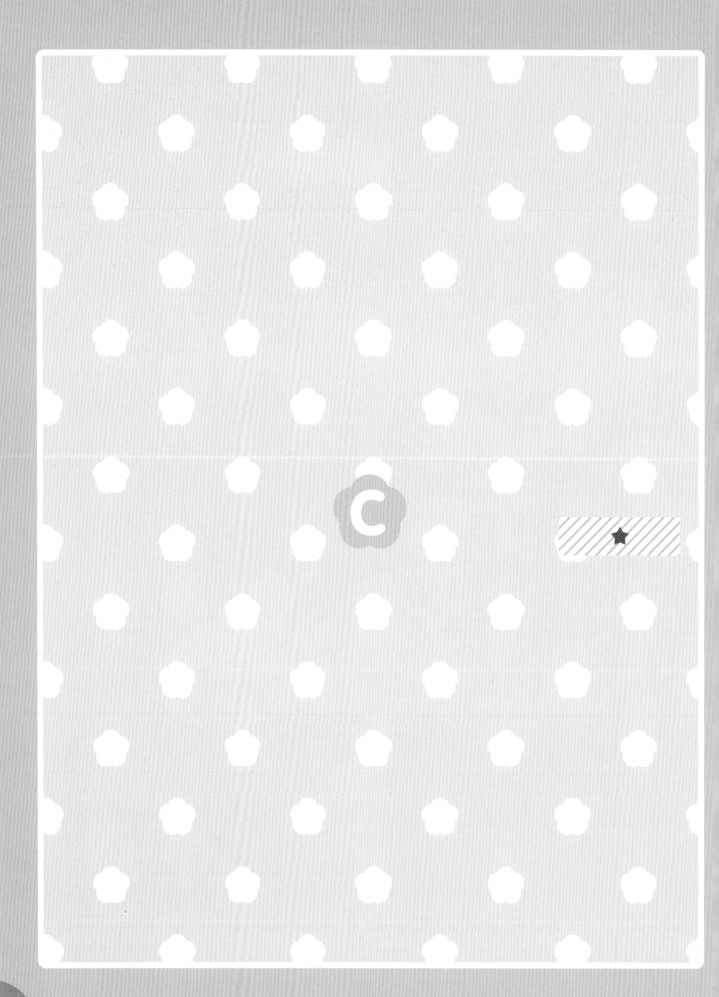

▼ 옆면 도안

소워니놀이터

오싹오싹 공포의 귀곡산장

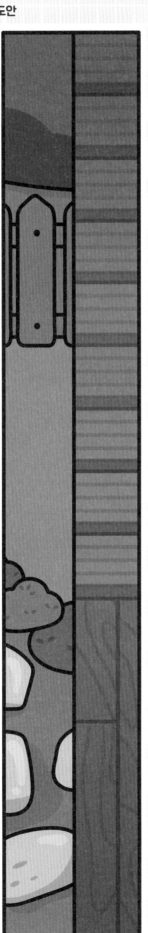

▲ 옆면 도안

▼ 창문

페퍼밍팅

▼ 테이블

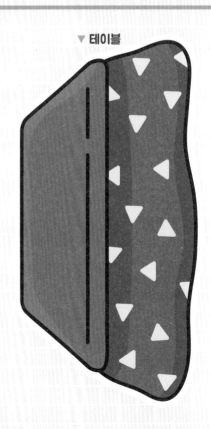

127

▼ 가방

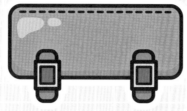

양면 코팅

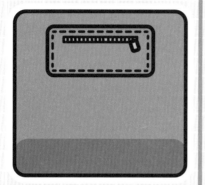

▼ 문

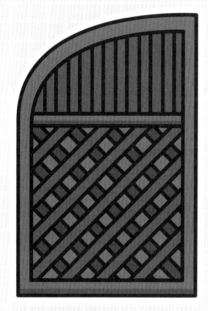

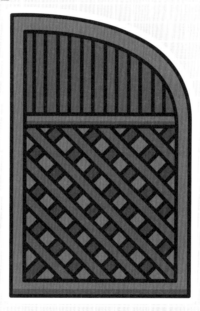

▼ 잠금 도안

손잡이 양면 코팅 / 머리 앞면 코팅

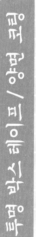

▼ 소워니

▼ 시워니

▼ 토토

▼ 토깽이

▼ 소품

▼ 소품

▼ 햄찌 물귀신

▼ 소시지 나무 지박령

▼ 몽벨라

▼ 밭

▼ 장산냥

▼ 책 도안 1

▼ 책 도안 2

▼ 책 도안 3

▼ 책 도안 3

B

▼ 책 도안 4

▼ 책 도안 5

▼ 책 도안 6

©소워니놀이터 All rights reserved.

145

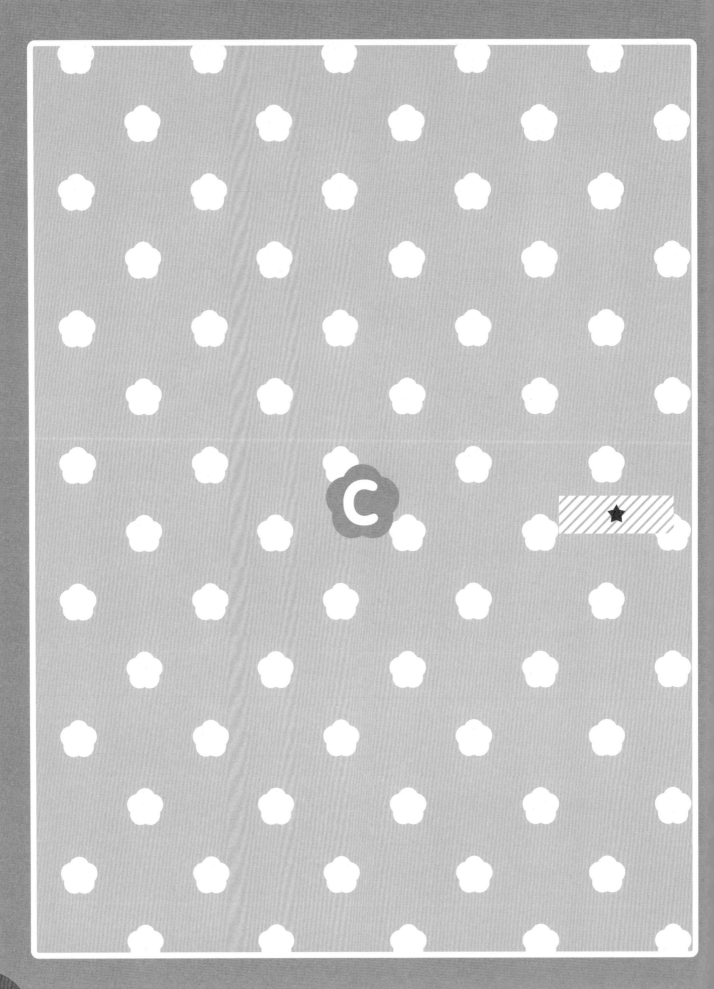

▼ 옆면 도안

▼ 가방

소워니놀이터

오싹오싹 공포의 결혼식

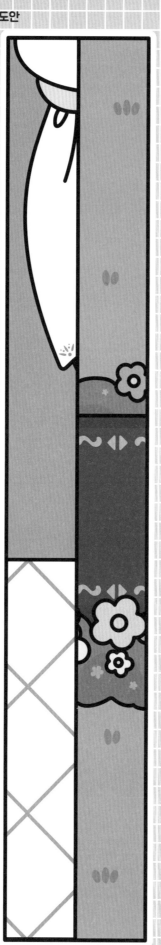

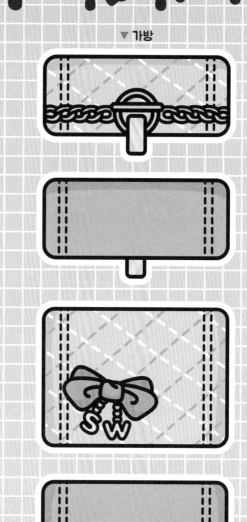

필름 커팅

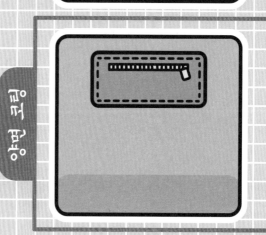

▼ 청첩장

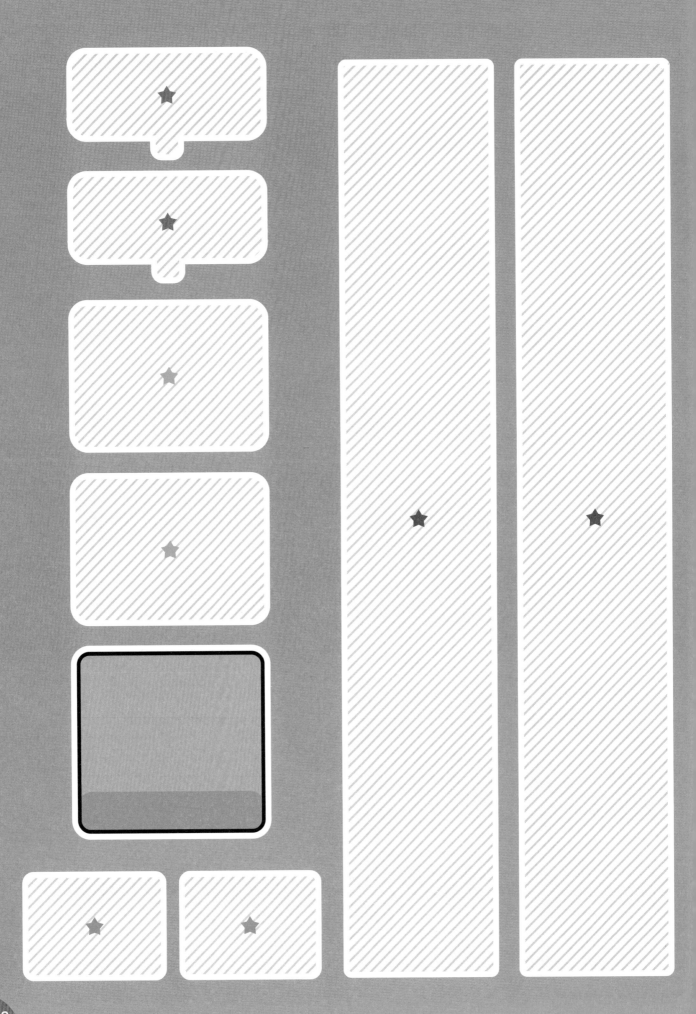

▼ 신부 대기실 문

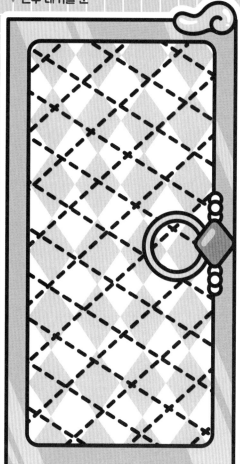
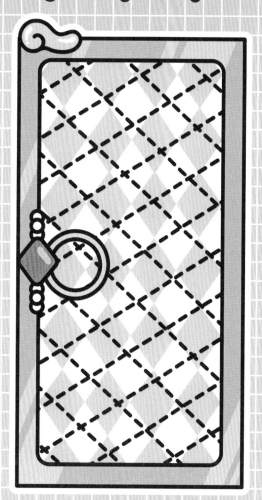

▼ 예식장 문

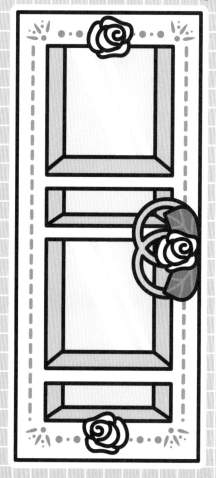

신부 대기실 문

양면 코팅

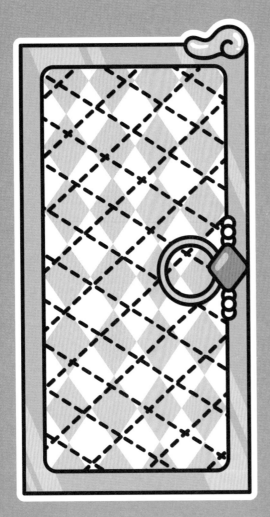
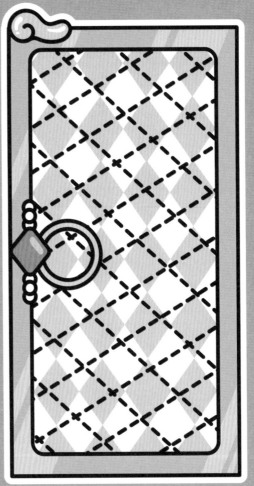

▼ 소워니

▼ 시워니

▼ 소시지

▼ 토깽이

▼ 토토

▼ 소품

152

▼ 햄찌

▼ 몽실이

▼ 냥냥

▼ 소품

HAPPY WEDDING

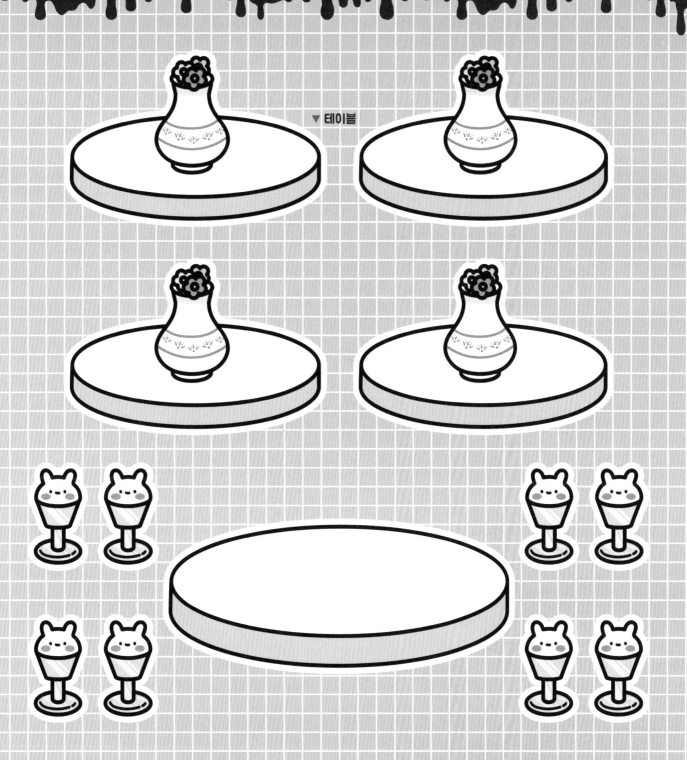

▼ 테이블

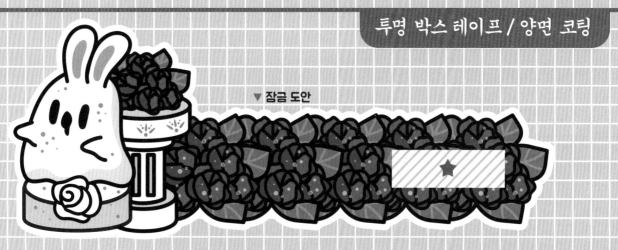

▼ 잠금 도안

벨크로

벨크로

▼ 책 도안 1

▲ 책 도안 1

▼ 책 도안 2

책 도안 2

▼ 책 도안 3

▼ 책 도안 4

▼ 책 도안 4

▼ 책 도안 5

▼ 책 도안 6

©소원니놀이터 All rights reserved.

▼ 책 도안 6

▼ 옆면 도안

소워니놀이터

오싹오싹 공포의 조선설화

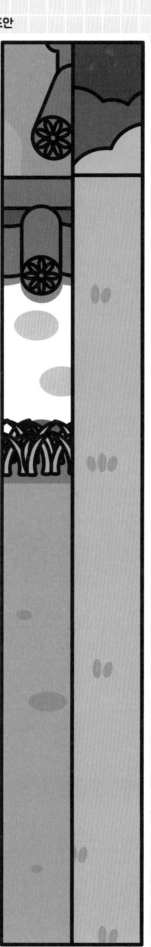

투명 홀로그램 피에스피 / 은색 무늬목

▼ 잠금 도안

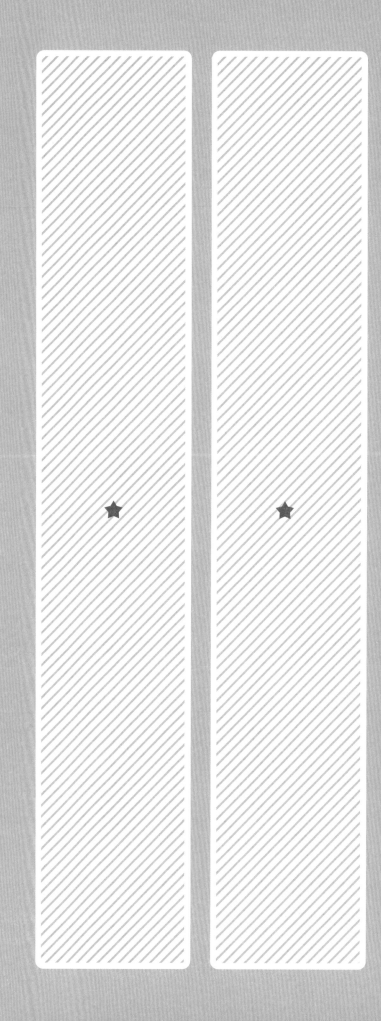

▼ 기와집 문

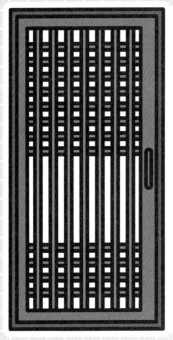  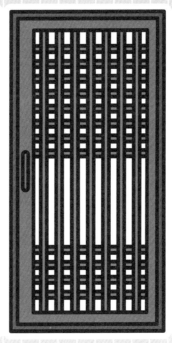 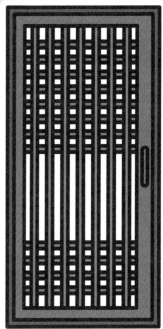

▼ 초가집 문

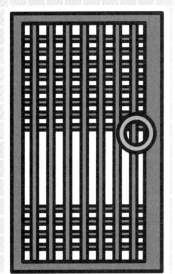  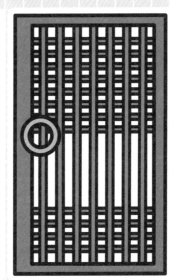 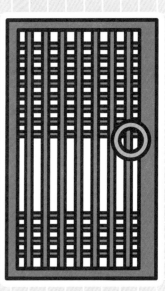

▼ 전설의 삼계탕 미니북

©소워니놀이터

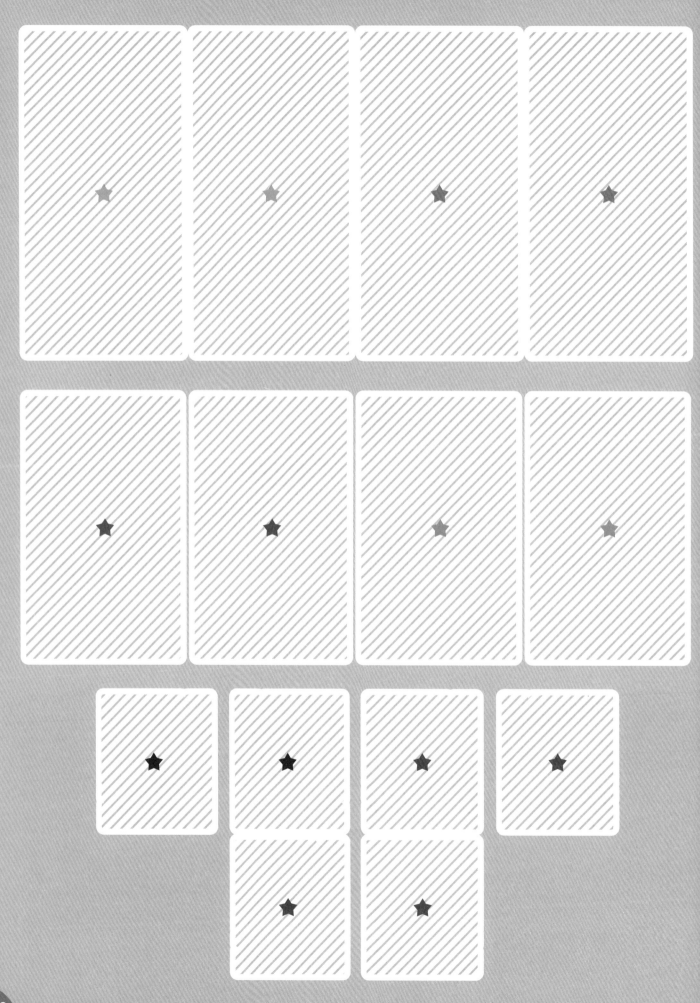

▼ 소워니

▼ 시워니

▼ 솥

▼ 토깽이

▼ 소품

▼ 토토

174

▼ 소시지

▼ 연못

▼ 햄찌

밀가루

▼ 냥냥

▼ 소품

▼ 인삼밭

▼ 풀숲

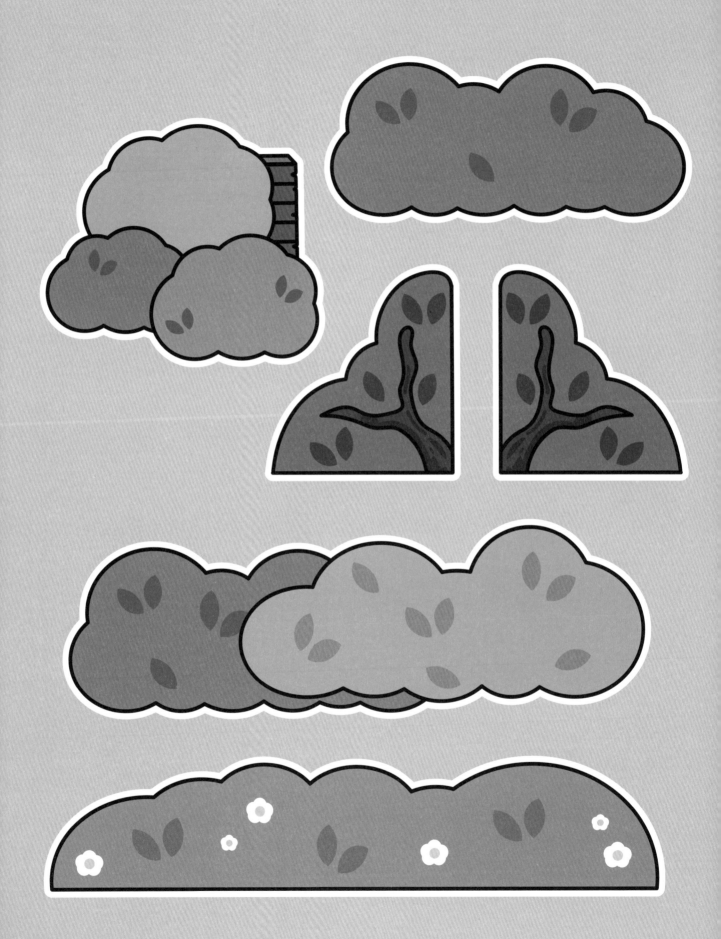

▼ 책 도안 1

▼ 책 도안 2

▼ 책 도안 3

▼ 책 도안 4

▼ 책 도안 5

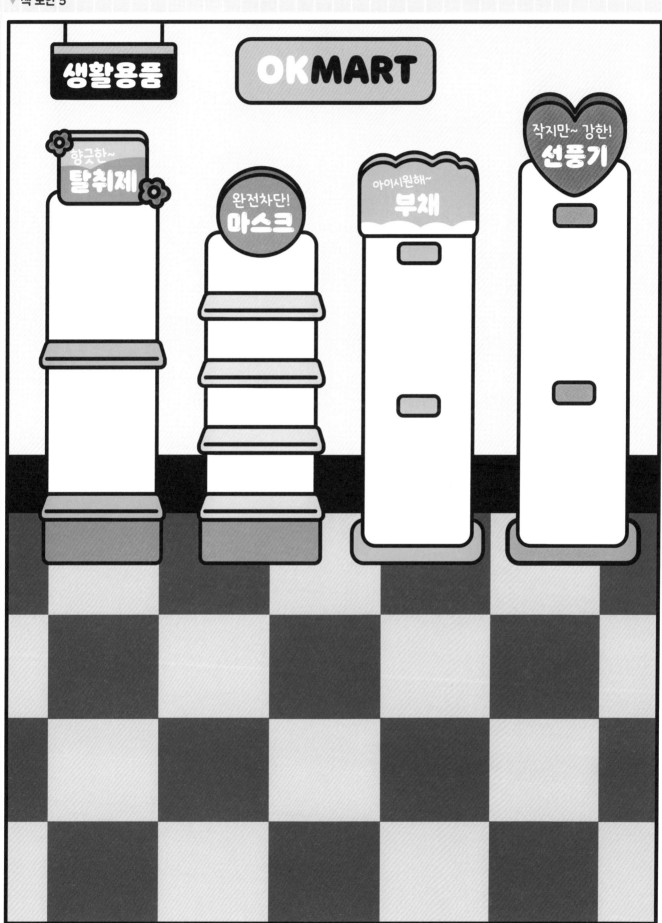

▼ 책 도안 5

변비 좀비 바이러스

냄새 맡으면
바로 감염

지독한
냄새

9월 10일	관찰 1일차

세상이 많이 혼란스럽다.
사람들이 모두 응가를 못 하고 있다.
일단 바이러스를 연구실에 가둬 놓았다.
특징은 칠판에 적었다.
내일부터 백신 연구에 들어가야겠다.

변비 좀비 바이러스

9월 11일	관찰 2일차

오늘부터 백신을 만들기 시작했다.
이 바이러스는 녹즙에 약하다!!
백신을 빨리 완성해야 할텐데...
그런데...
이 바이러스의 움직임이 이상하다.
케이지가 깨질 거 같다. 설마
감염되면 얼마만에 걸리는 거지?

9월 12일	관찰 3일차

백신 샘플을 다 완성했다!!
내일 기사만 내면 된다.
그런데 이게 무슨 냄새지??
케이지가 깨진 거 같다. 안 돼
마스크를 빨리 써야

도망침

©소워니놀이터 All rights reserved.

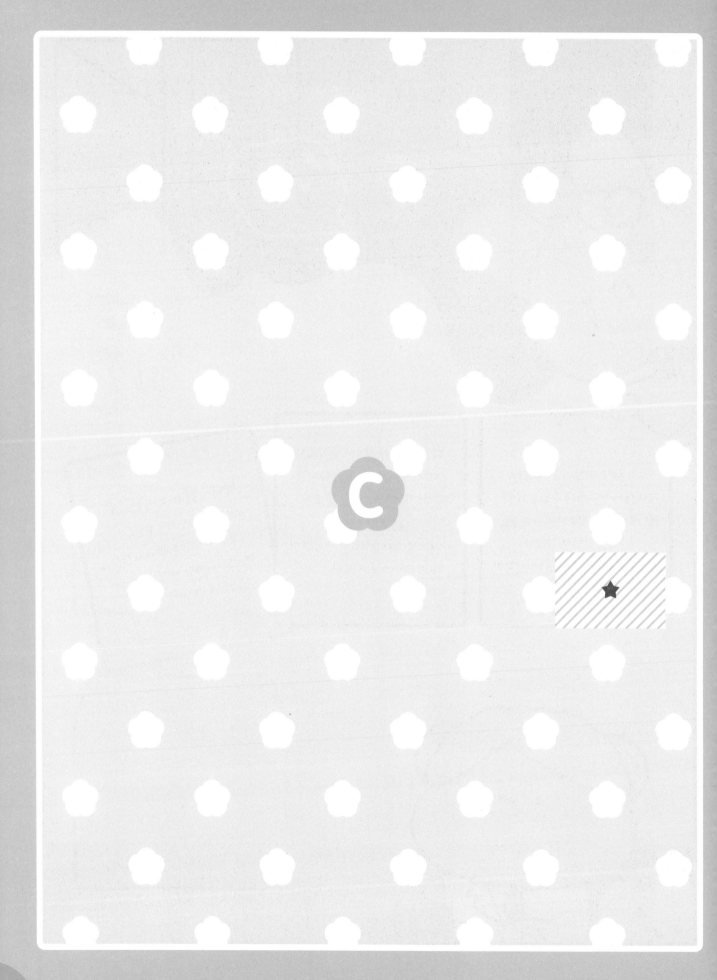

▼ 옆면 도안

▼ 백신 상자

소워니놀이터

오싹오싹
공포의
좀비
바이러스

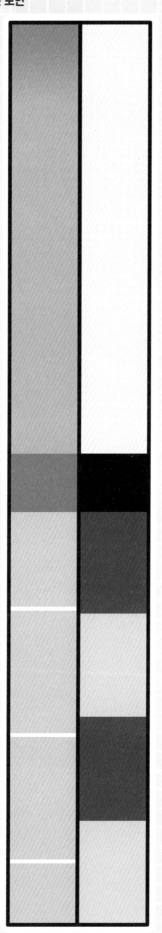

옆면 도안

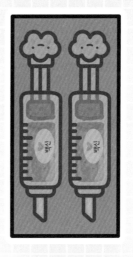

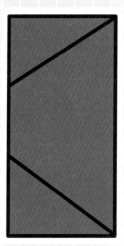

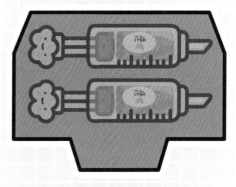

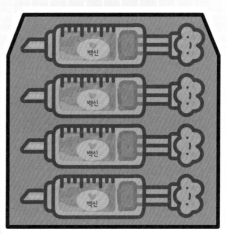

백신 상자

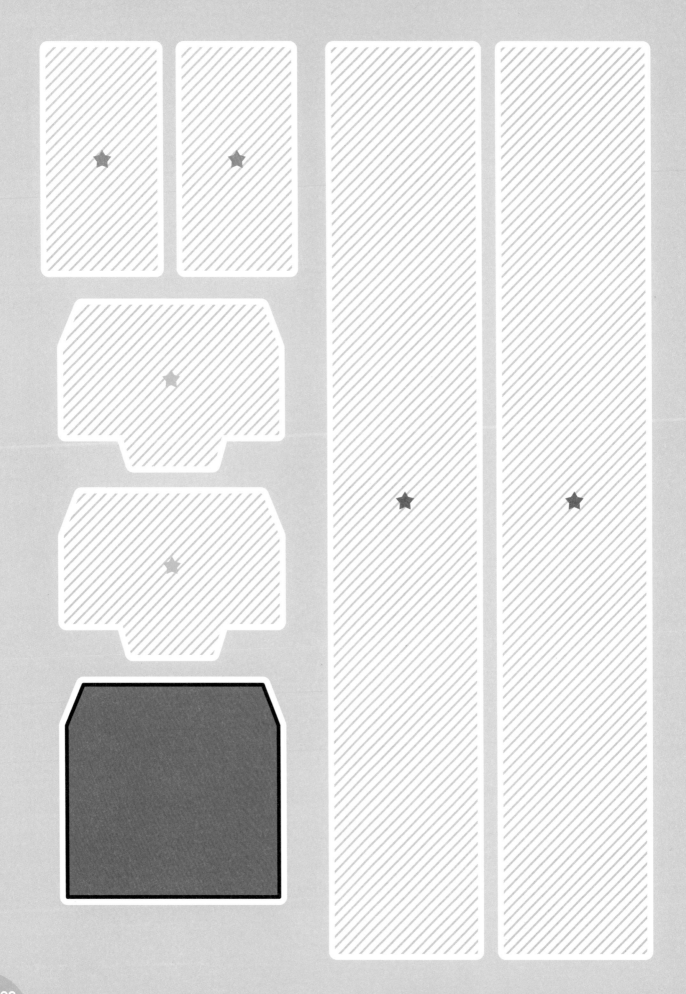

▼ 박사 노트

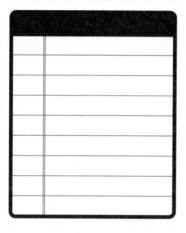

9월 10일　　　관찰 1일차

세상이 많이 혼란스럽다.
사람들이 모두 응가를 못 하고 있다.
일단 바이러스를 연구실에 가둬 놓았다.
특징은 칠판에 적었다.
내일부터 백신 연구에 들어가야겠다.

변비 좀비 바이러스

9월 11일　　　관찰 2일차

오늘부터 백신을 만들기 시작했다.
이 바이러스는 녹즙에 약하다!!
백신을 빨리 완성해야 할텐데...
그런데...
이 바이러스의 움직임이 이상하다.
케이지가 깨질 거 같다. 설마
감염되면 얼마만에 걸리는 거지?

9월 12일　　　관찰 3일차

백신 샘플을 다 완성했다!!
내일 기사만 내면 된다.
그런데 이게 무슨 냄새지??
케이지가 깨진 거 같다. 안 돼
마스크를 빨리 써야

도망쳐

▼ 박스

취급 주의
던지지 마세요!

취급 주의
던지지 마세요!

▼ 소워니

▼ 시워니

▼ 소품

193

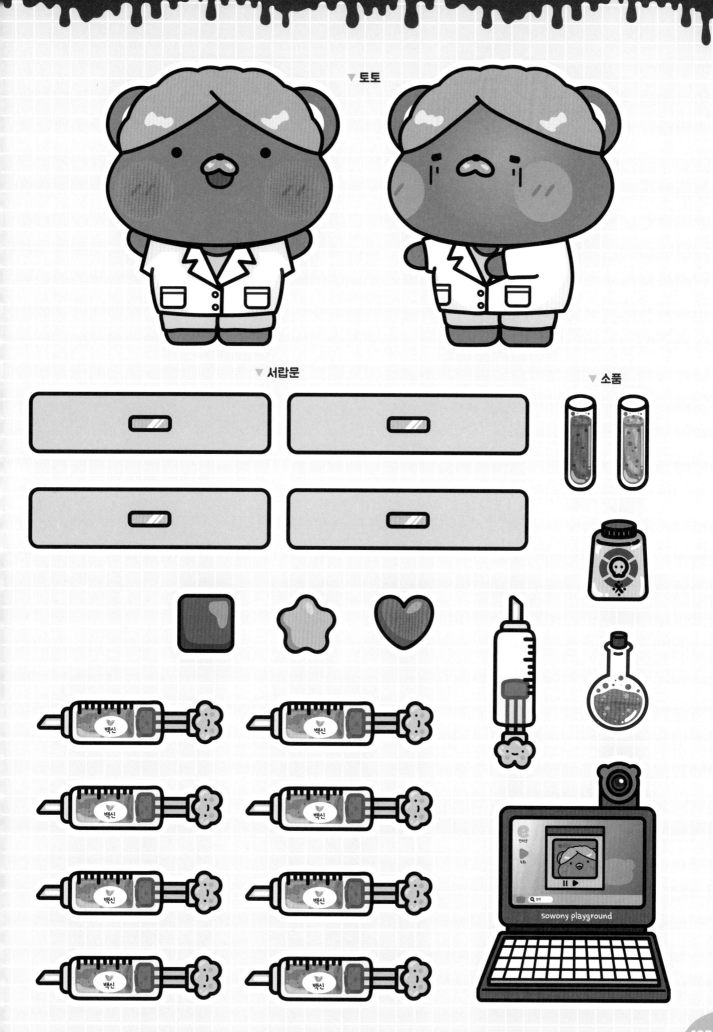

▼ 토토

▼ 서랍문

▼ 소품

sowony playground

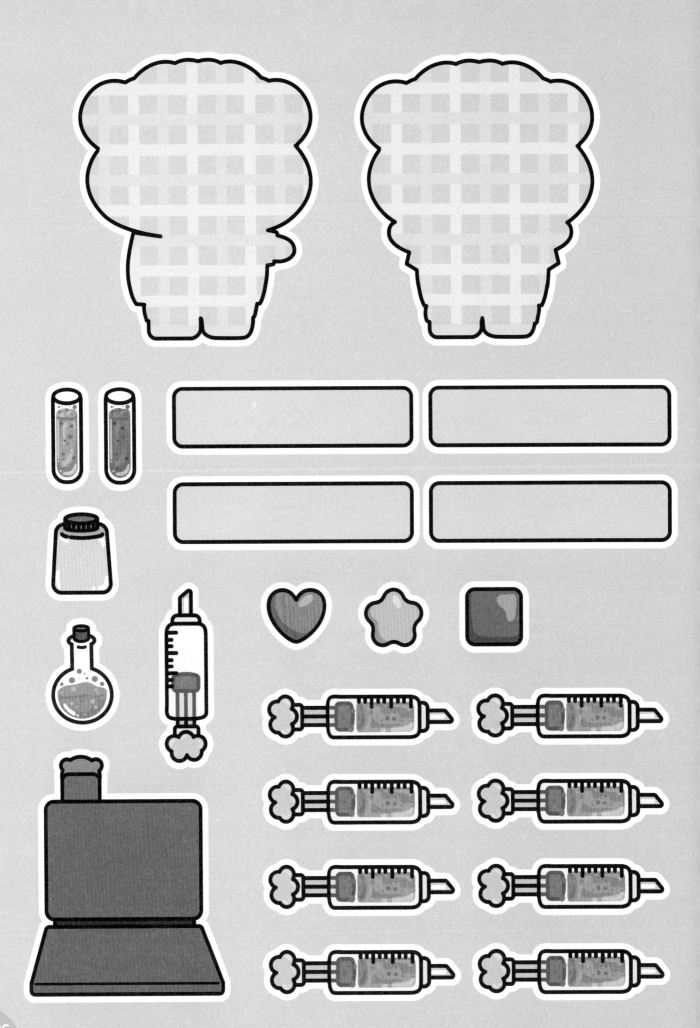

▼ 냥냥

▼ 햄찌

▼ 소시지

▼ 토깽이

▼ 몽실이

▼ 샘플

▼ 채소&과일 상자

신선한 채소&과일

▼ 소품

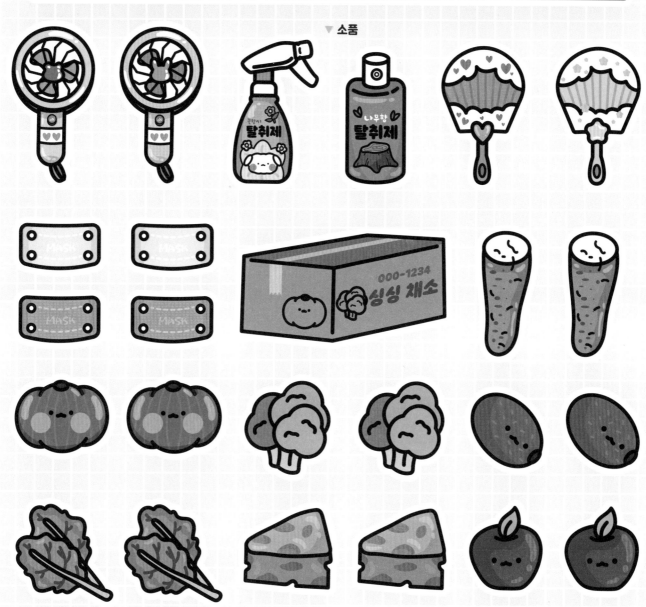

투명 박스 테이프 / 양면 코팅

▼ 잠금 도안

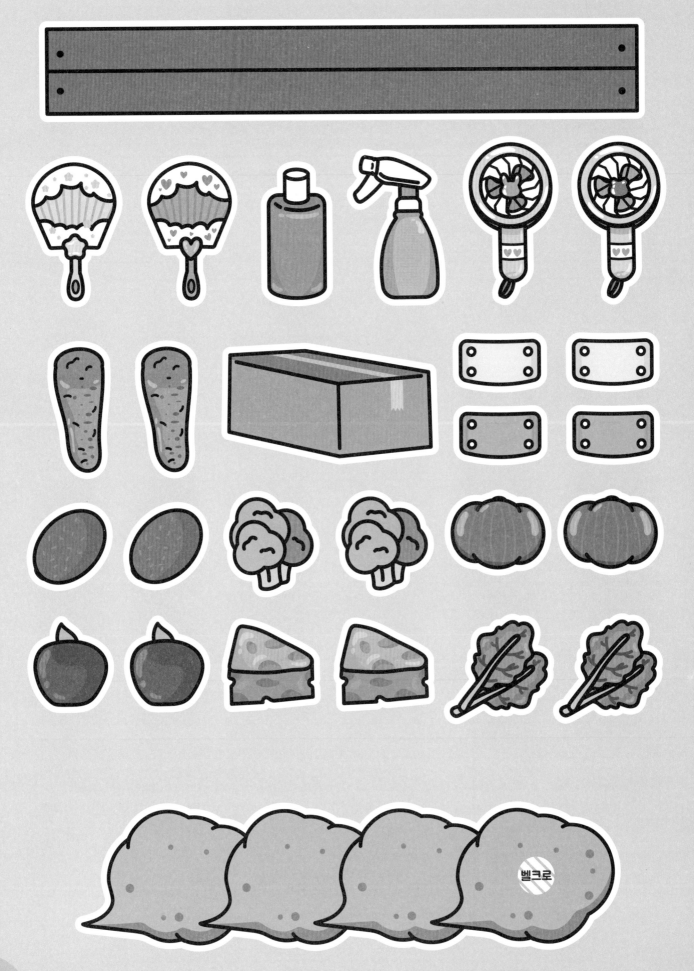

벨크로

▼ 책 도안 1

벨크로

▼ 책 도안 2

소워니 천사

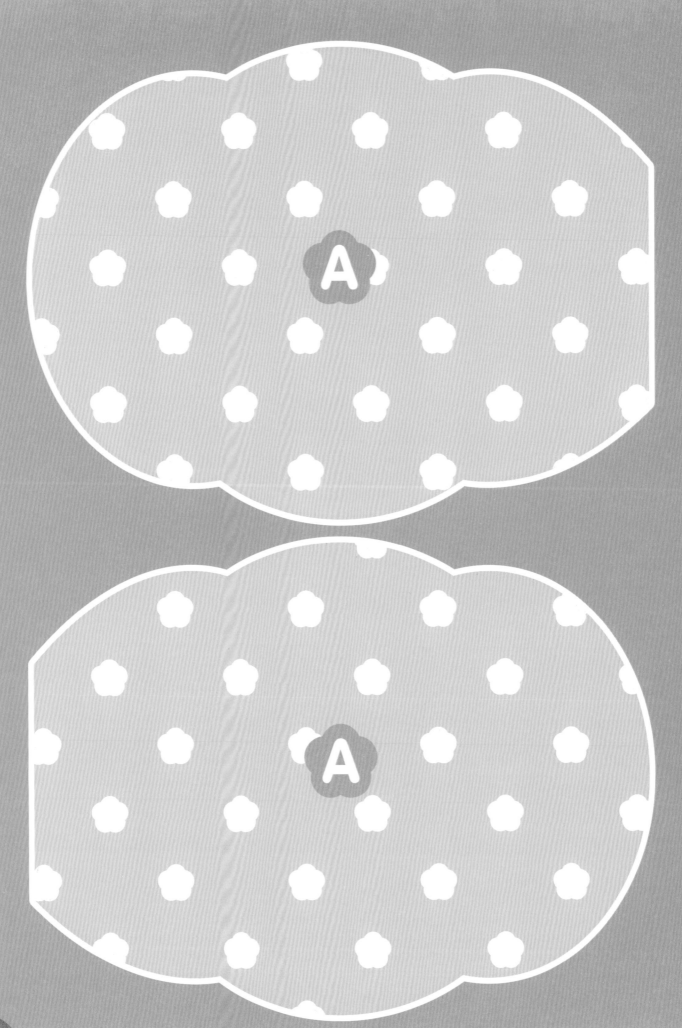

▼ 책 도안 3

▼ 책 도안 4

시워니 악마

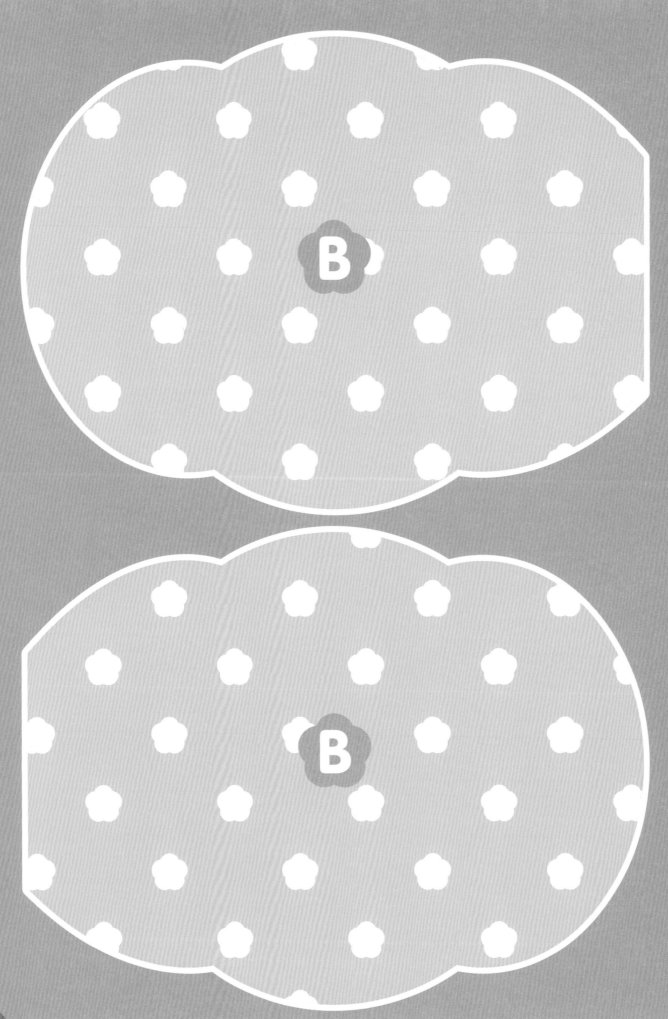

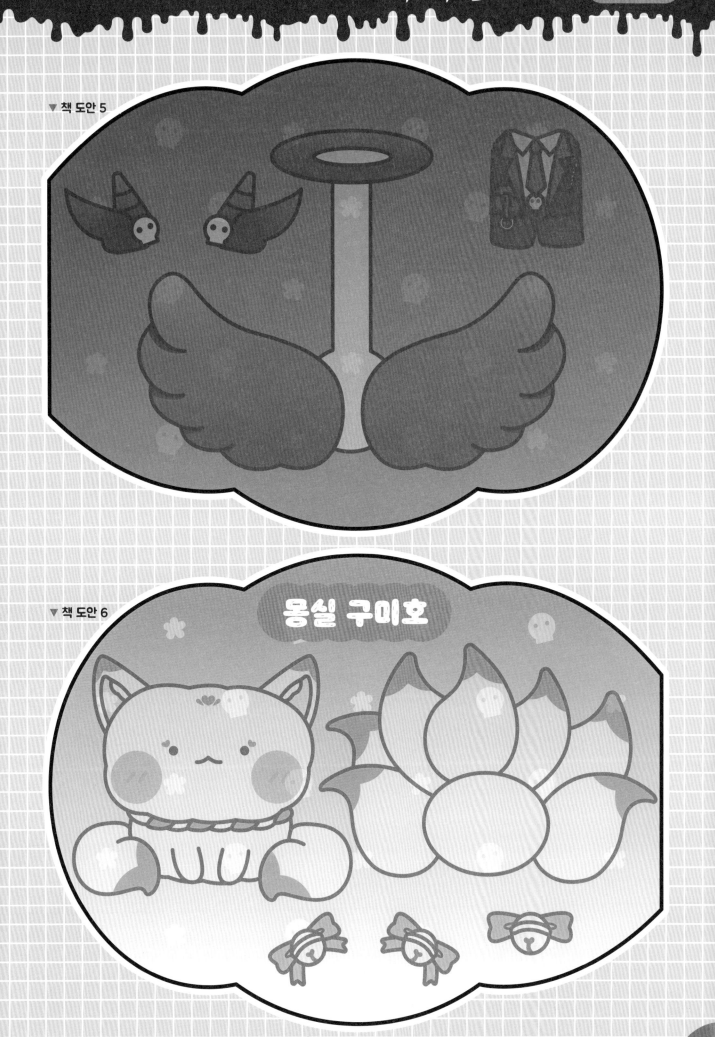

▼ 책 도안 5

▼ 책 도안 6

몽실 구미호

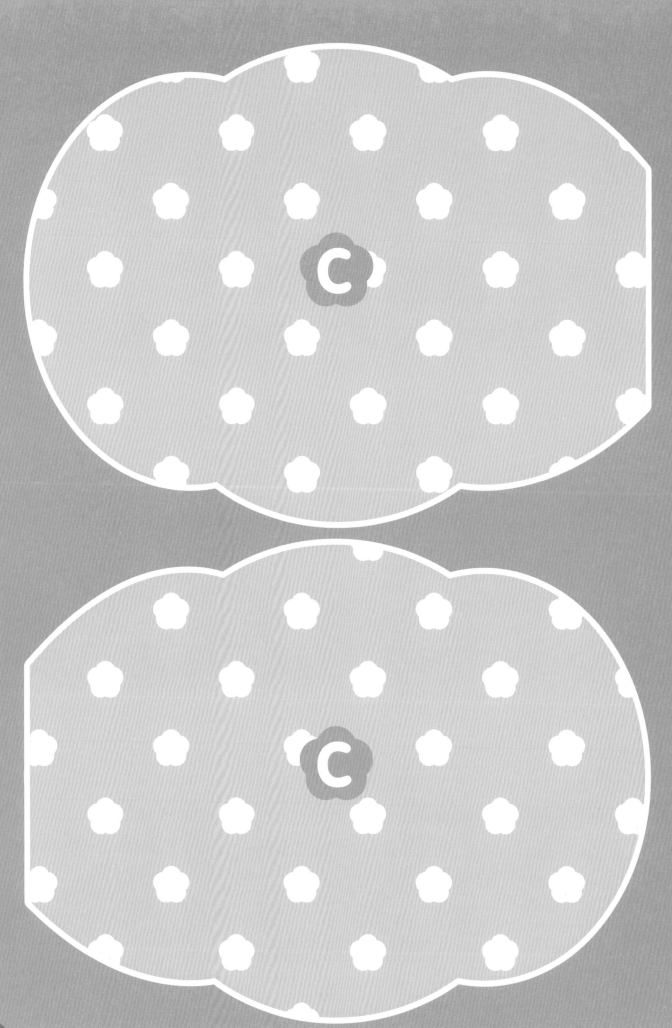

▼ 책 도안 7

토토 저승곰

▼ 책 도안 8

냥냥 귀신

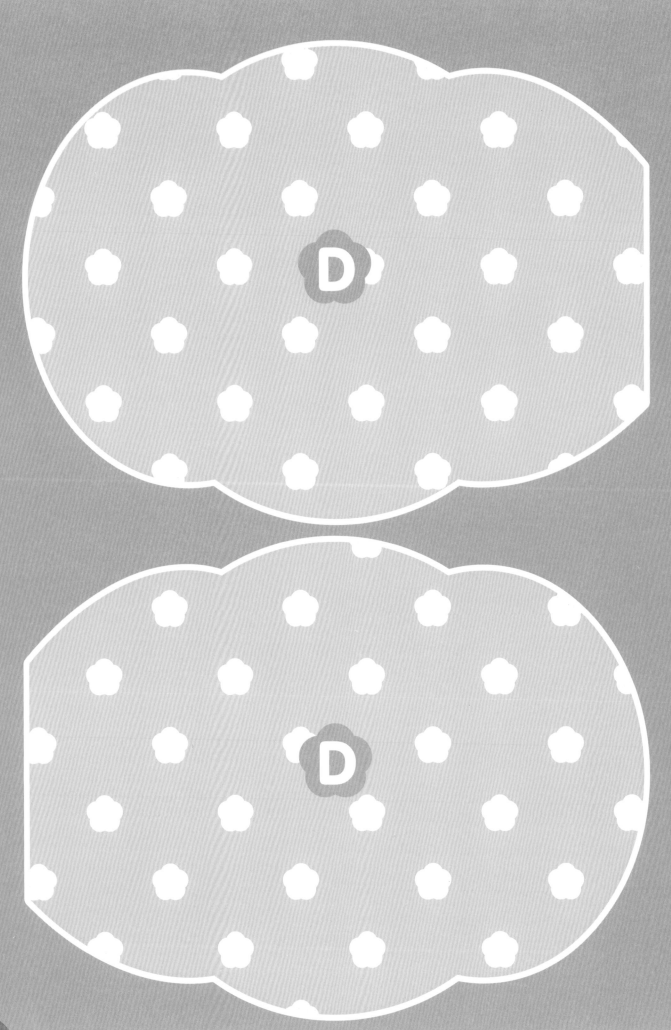

▼ 책 도안 9

햄찌 도깨비

▼ 책 도안 10

토깽 호박

오싹오싹 핼러윈 코디 앞면 코팅

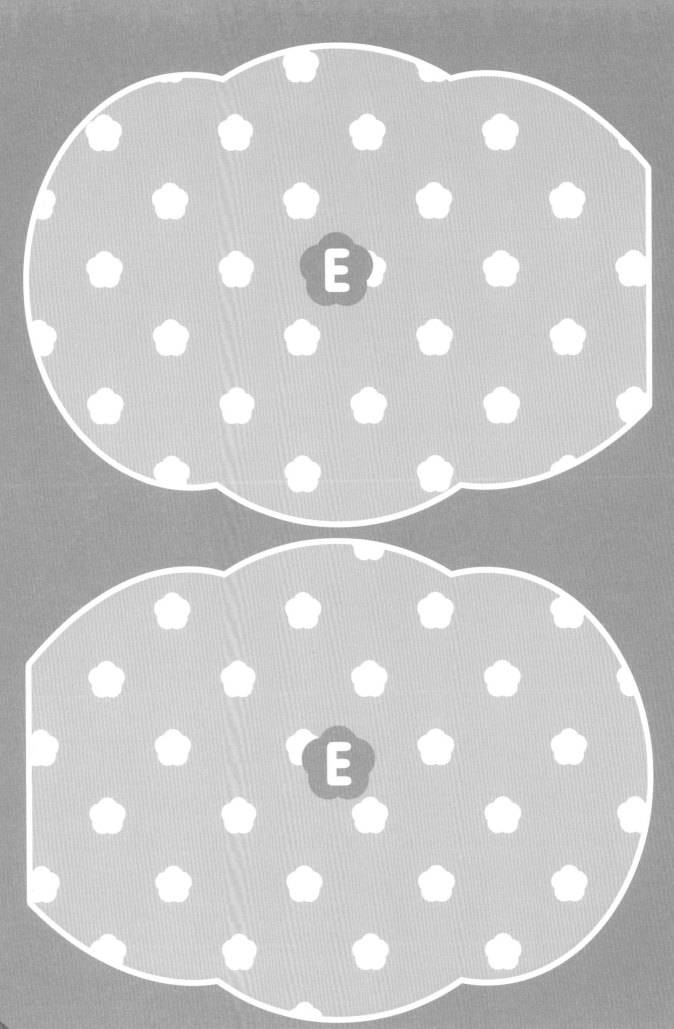

▼ 책 도안 11

소시지 마녀

▼ 책 도안 12

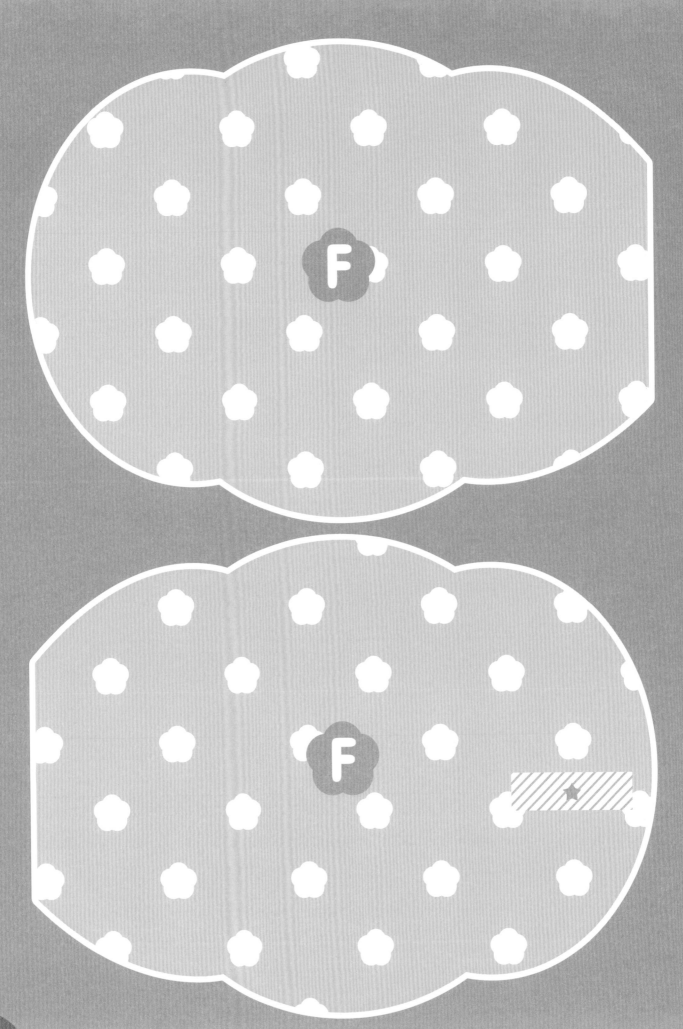

◀ 옆면 도안

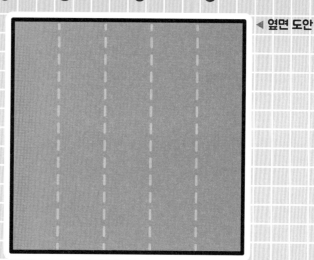

양면 코팅

◀ 소워니

◀ 시워니

◀ 몽실이

◀ 냥냥

▼ 햄찌

▼ 토토

▼ 토깽이

▼ 소시지

▼ 소품

▼ 소품

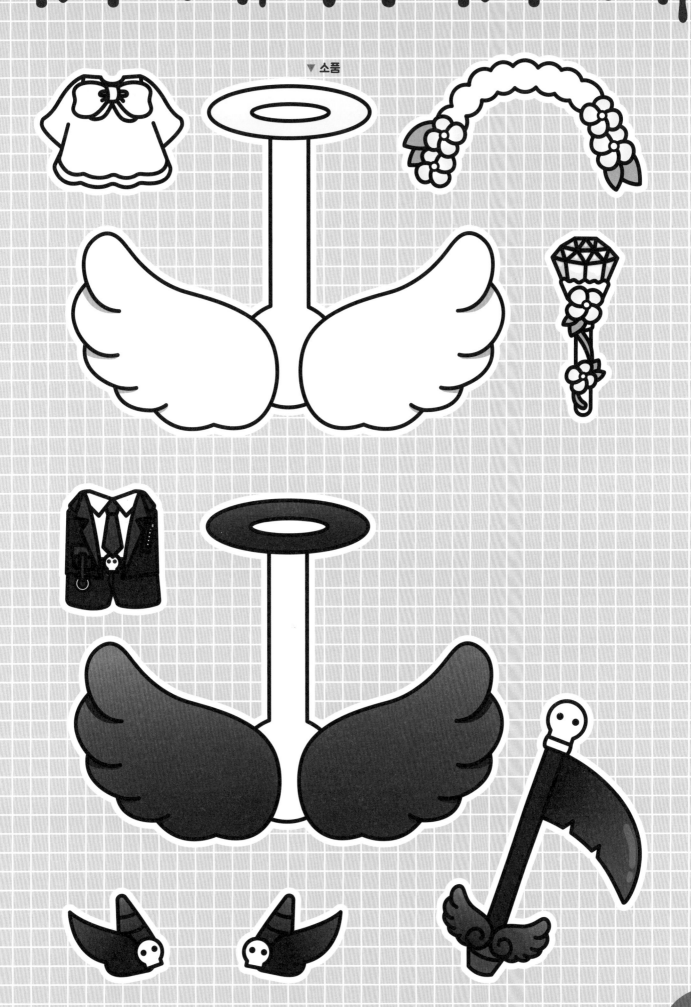

▼ 소품

투명 박스 테이프 / 양면 코팅

▼ 잠금 도안

벨크로

벨크로

220

책 도안 1 ▶

▼ 옆면 도안

책 도안 1 ▶

책 도안 2 ▶

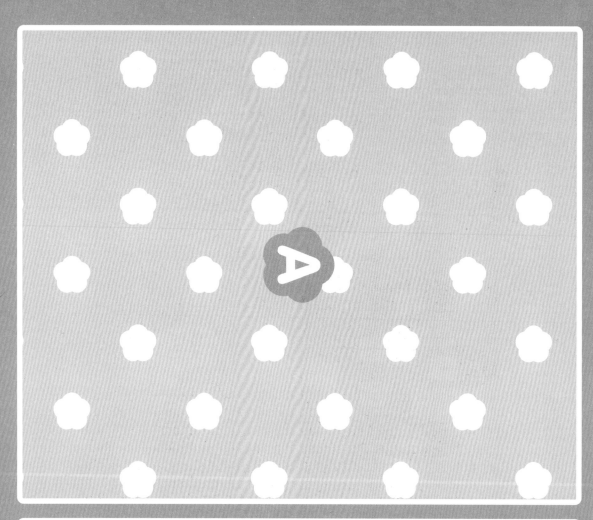

책 도안 3 ▶

▼ 옆면 도안

책 도안 3 ▶

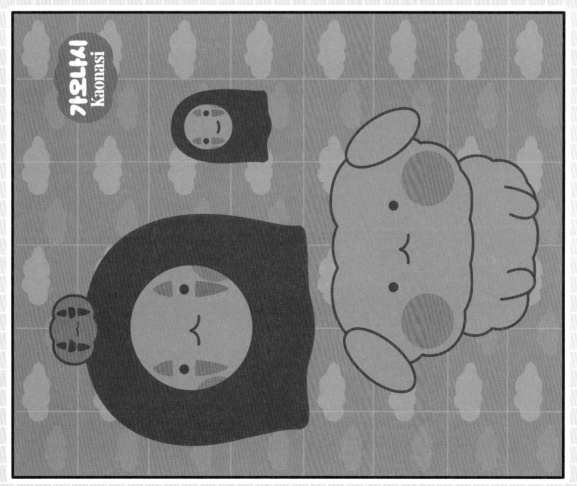

책 도안 4 ▶

책 도안 5 ▶

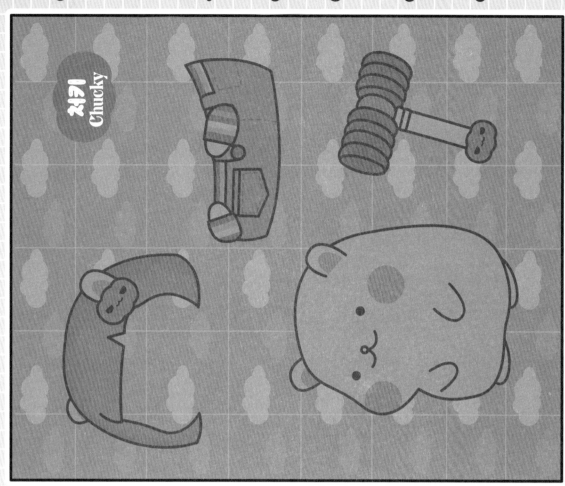

책 도안 6 ▶

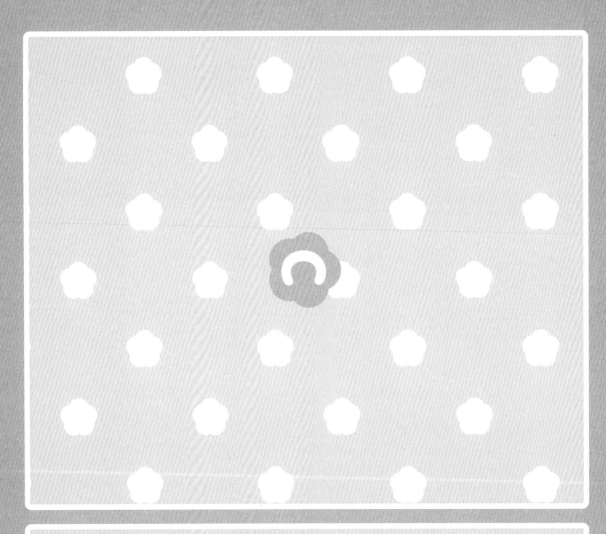

책 도안 7 ▶

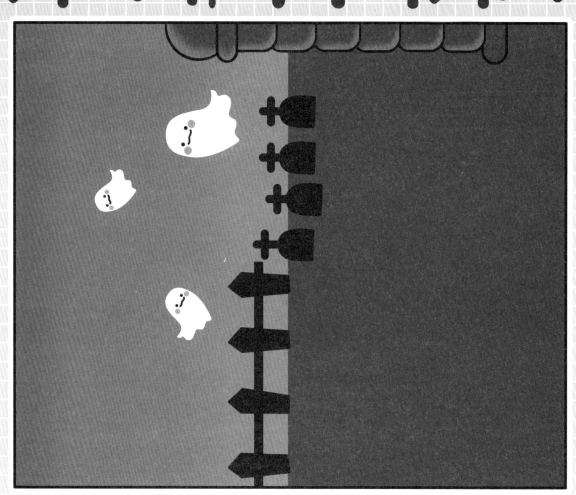

책 도안 8 ▶

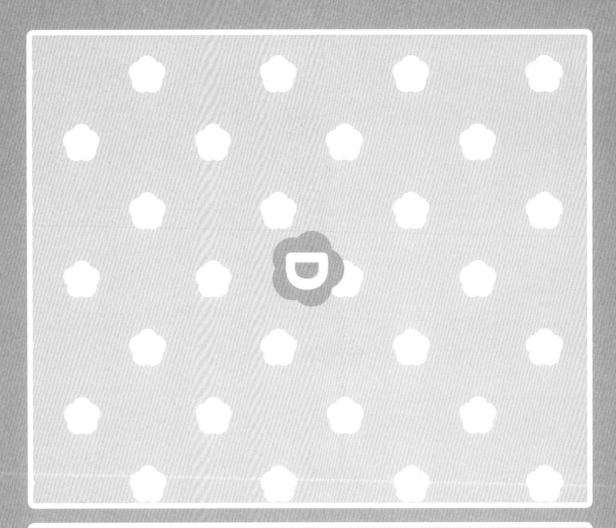

▼ 드라큘라 관

▼ 소워니

▼ 시워니

▼ 소품

▼ 잠금 도안

벨크로

▼ 몽실이

▼ 테이블

▼ 소품

▼ 호박 바구니

▼ 햄찌

▼ 소품